METAVERSO

WALTER LONGO
FLAVIO TAVARES

METAVERSO

ONDE VOCÊ VAI VIVER E TRABALHAR EM BREVE

ALTA BOOKS
EDITORA
Rio de Janeiro, 2022

Metaverso

Copyright © 2022 da Starlin Alta Editora e Consultoria Eireli.
ISBN: 978-85-5081-894-8

Impresso no Brasil — 1ª Edição, 2022 — Edição revisada conforme o Acordo Ortográfico da Língua Portuguesa de 2009.

Todos os direitos estão reservados e protegidos por Lei. Nenhuma parte deste livro, sem autorização prévia por escrito da editora, poderá ser reproduzida ou transmitida. A violação dos Direitos Autorais é crime estabelecido na Lei nº 9.610/98 e com punição de acordo com o artigo 184 do Código Penal.

A editora não se responsabiliza pelo conteúdo da obra, formulada exclusivamente pelo(s) autor(es).

Marcas Registradas: Todos os termos mencionados e reconhecidos como Marca Registrada e/ou Comercial são de responsabilidade de seus proprietários. A editora informa não estar associada a nenhum produto e/ou fornecedor apresentado no livro.

Erratas e arquivos de apoio: No site da editora relatamos, com a devida correção, qualquer erro encontrado em nossos livros, bem como disponibilizamos arquivos de apoio se aplicáveis à obra em questão.

Acesse o site www.altabooks.com.br e procure pelo título do livro desejado para ter acesso às erratas, aos arquivos de apoio e/ou a outros conteúdos aplicáveis à obra.

Suporte Técnico: A obra é comercializada na forma em que está, sem direito a suporte técnico ou orientação pessoal/exclusiva ao leitor.

A editora não se responsabiliza pela manutenção, atualização e idioma dos sites referidos pelos autores nesta obra.

Dados Internacionais de Catalogação na Publicação (CIP) de acordo com ISBD

L856m   Longo, Walter
            Metaverso: onde você vai viver e trabalhar em breve / Walter Longo, Flávio Tavares. - Rio de Janeiro : Alta Books, 2022.
            224 p. ; 16cm x 23cm.

            ISBN: 978-85-508-1894-8

            1. Metaverso. 2. Mundo virtual. 3. Realidade virtual. I. Tavares, Flávio. II. Título.

2022-1857
CDD 303.483
CDU 004.738.5 316.75

Elaborado por Odílio Hilario Moreira Junior - CRB-8/9949

Índice para catálogo sistemático:
1. Metaverso 303.483
2. Internet: Comunidade social 004.738.5 316.75

Produção Editorial
Editora Alta Books

Diretor Editorial
Anderson Vieira
anderson.vieira@altabooks.com.br

Editor
José Ruggeri
j.ruggeri@altabooks.com.br

Gerência Comercial
Claudio Lima
claudio@altabooks.com.br

Gerência Marketing
Andrea Guatiello
andrea@altabooks.com.br

Coordenação Comercial
Thiago Biaggi

Coordenação de Eventos
Viviane Paiva
comercial@altabooks.com.br

Coordenação ADM/Finc.
Solange Souza

Direitos Autorais
Raquel Porto
rights@altabooks.com.br

Projeto Gráfico, Diagramação e Produção da Obra
Paulo Gomes

Produtores Editoriais
Illysabelle Trajano
Maria de Lourdes Borges
Thales Silva
Thiê Alves

Equipe Comercial
Adriana Baricelli
Ana Carolina Marinho
Daiana Costa
Fillipe Amorim
Heber Garcia
Kaique Luiz
Maira Conceição

Equipe Editorial
Beatriz de Assis
Betânia Santos
Brenda Rodrigues
Caroline David
Gabriela Paiva
Henrique Waldez
Kelry Oliveira
Marcelli Ferreira
Mariana Portugal
Matheus Mello

Marketing Editorial
Jessica Nogueira
Livia Carvalho
Marcelo Santos
Pedro Guimarães
Thiago Brito

Editora afiliada à:  ASSOCIADO

ALTA BOOKS
EDITORA

Rua Viúva Cláudio, 291 — Bairro Industrial do Jacaré
CEP: 20.970-031 — Rio de Janeiro (RJ)
Tels.: (21) 3278-8069 / 3278-8419
www.altabooks.com.br — altabooks@altabooks.com.br
Ouvidoria: ouvidoria@altabooks.com.br

DEDICATÓRIA

DEDICAMOS ESTE LIVRO ÀS NOVAS GERAções que vão viver e conviver no Metaverso. Esse é um novo mundo que precisa ser criado com parâmetros mais inclusivos, aceitando as diferenças e respeitando o próximo. Se isso ocorrer, estaremos delegando essa tarefa às novas gerações com a certeza de que seguirão em frente, contribuindo ainda mais para essa notável jornada humana.

Dedicamos a todo time da Upper ADucation, que trabalharam incansavelmente para construírem a primeira escola do Metaverso do Brasil, e assim se abriram inúmeras possibilidades de aprendizado sobre este fascinante tema.

Dedicamos em especial aos filhos do Flavio; Henrique, Matteo, Lucca, Piero e Lara, pois eles ensinam que um mundo com menos Gurus e mais Guris é que nos dará a esperança de explorarmos mais nossa imaginação, e nos tornarmos mais originais e menos cópias.

SUMÁRIO

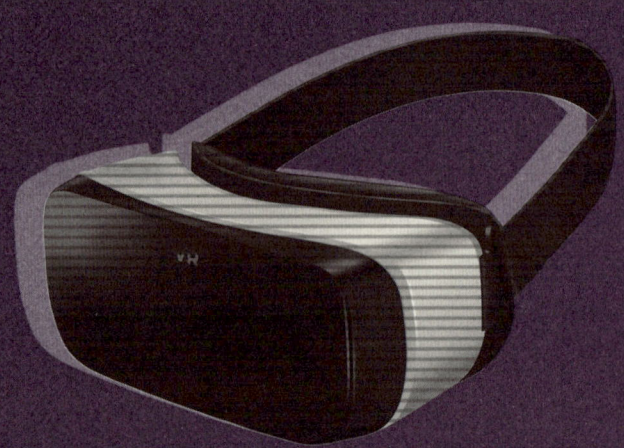

INTRODUÇÃO, IX

1 **O Virtual ao Longo do Tempo: do Miniverso Digital ao Metaverso, 03**

Breve Linha do Tempo com os Marcos do Metaverso, 14

2 **Identidade e Dualidade Inclusiva, 21**

Potenciais do Metaverso, 35

3 Marcas e Mercados, 41

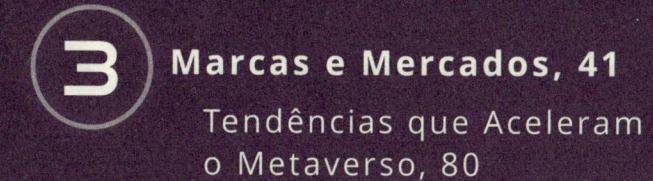

Tendências que Aceleram o Metaverso, 80

4 Mundos Entrelaçados, 85

Características Essenciais do Metaverso, 96

5 O que Esperar? 101

APÊNDICE 1

Glossário do Metaverso, 119

APÊNDICE 2

Tudo o que você precisa saber sobre NFT's, 147

APÊNDICE 3

O passo a passo do Metaverso: por onde começar? 175

METAVERSO
METAVERSO
METAVERSO
METAVERSO
METAVERSO
METAVERSO
METAVERSO
METAVERSO
METAVERSO

INTRODUÇÃO

POUCOS ANOS ATRÁS, UM SOM AGUDO E pulsante nos servia como prenúncio. Emitido pelos computadores, ele indicava que iríamos nos conectar à internet (ou não, caso o provedor não estivesse a fim). É possível que você, leitor, não se recorde disso, ainda que não faça tanto tempo assim que nos livramos desse som — e da conexão precária da internet discada, que hoje parece tão remota.

O 5G já se tornou realidade. O mundo avança a uma velocidade exponencial, assim como os devices, que praticamente universalizaram o acesso a uma quantidade praticamente imensurável de conteúdo. A lei de Moore, segundo a qual o poder de processamento dos computadores dobraria a cada 18 meses, tem se mantido válida desde 1965, quando foi trazida à tona pelo cofundador da Intel, Gordon Earl Moore. Possivelmente, ela não vai se perpetuar, devido à limitação dos insumos tecnológicos, mas esse avanço veloz e tão disruptivo nos distância, cada vez mais, das tecnologias anteriores.

De maneira oposta a essa progressão, o nosso cérebro normalmente superestima o que podemos fazer em um ano e subestima o que vai acontecer em dez. A razão disso é que raciocinamos de maneira linear e não exponencial. A progressão cerebral é aritmética e não geométrica: se pedirmos para alguém que dê a sequência dos números 2 e 4, ele vai dar 6 — provavelmente, ninguém dará 8 —; isto é, ele deixa de investigar de maneira multidimensional o espaço e a forma do objeto de análise, sem raciocinar exponencialmente.

E quando avaliamos e estudamos o futuro, fica claro que uma tendência não se realiza quando determinados fatos acontecem. É exatamente o contrário: fatos acontecem, e são percebidos, quando vão ao encontro de uma tendência que já se instituiu. E é essa conjugação de fatores que está nos levando ao metaverso. Neste livro, vamos analisar quais são esses fatores e por que eles surgem.

Comecemos pelas redes sociais. Nós não sabíamos, mas, com elas, estávamos sendo treinados para o metaverso. Afinal, por intermédio delas, aprendemos a mostrar que somos mais bonitos, mais ricos, mais felizes, independentemente da realidade cotidiana. Todo mundo treinou para ser o objeto de desejo das outras pessoas. Então, de certa maneira, esse trânsito entre o "eu" e o "eu *plus*" já aconteceu.

A tecnologia intermediou a evolução de um processo cultural que deu mais poder às pessoas e as transformou, bem como transformou o modo como elas experimentam a vida e o mundo. Assim, deixamos de ser limitados pelas circunstâncias e pelos contextos nos quais estamos inseridos e, de maneira irresistível, podemos escapar da nossa realidade.

Tais possibilidades mexem com a psique humana. Esse interesse pelo inatingível, que beira a transgressão, está arraigado nas narrativas que perpassam a história da humanidade. Pense nas fábulas antigas e você lembrará que, ao sermos questionados sobre o que faríamos caso encontrássemos uma lâmpada mágica que nos concedesse três desejos, sempre havia alguém que dizia "Eu pediria para poder realizar mais desejos" ou "Eu pediria por desejos infinitos".

A memória genética intrínseca dos seres humanos faz com que tenhamos o ímpeto de buscarmos pela abundância, em oposição à escassez que pode nos matar e que nos perseguiu durante toda a existência humana.

Esse desejo descomedido remonta a um conceito da cultura grega no período clássico, a *hybris*. Em definição, *hybris* é o excesso, a desmedida. Pode significar também impetuosidade, orgulho, arrogância e, em alguns contextos, se aplica a luxúria e lascívia. No Canto XI da *Odisseia*, Odisseu morre e vai ao *hades* por ter tentado ultrapassar as colunas de Hércules para obter riquezas e, assim, chegar à sua cidade em uma posição que lhe rendesse mais prestígio e adulação. No século XIV, Dante Alighieri refere-se ao ocorrido, no Canto XXVI do "Inferno", em *A Divina Comédia*. Segundo o autor italiano, Odisseu, tomado pela *hybris*, tentou ultrapassar os limites humanamente permitidos na Terra, para chegar ao paraíso — o que só seria possível com os desígnios de Deus. Isso fez com que Odisseu fosse castigado, engolido pelo mar e fadado ao inferno.

Note que a *hybris* manifesta-se como ato de excesso, ultrapassando a moderação e o limite da neutralidade (a *sophrosyne*).

Haroldo de Campos, já na contemporaneidade, aborda, em seu poema *"Finismundo: a última viagem"*, especificamente a *hybris* de Odisseu, trazendo o foco ao descomedimento do semideus seguindo a linha dantesca, mas também apontando para um herói moderno que, em sua urbanidade, tem os próprios ímpetos de transpor limites, e tais limites, por sua vez, podem ser questionáveis.

O descomedimento que se percebe na literatura pós-clássica manteve o conceito da *hybris* grega — praticamente intraduzível com palavras, mas compreensível e notável nas ações transgressoras, independentes do âmbito —, não se limita à produção literária.

Foucault, no prefácio de *A História da Loucura*, põe em pauta o conceito grego e a sua relação social e filosófica na construção cultural: "O homem europeu, desde o recôndito da Idade Média, relacionava-se com alguma coisa que ele chama confusamente de: Loucura, Demência, Desrazão. É talvez a essa presença obscura que a razão ocidental deve alguma coisa de sua profundidade, assim como à ameaça da *hybris*, a *sofrosin* dos discursos socráticos. Em todo caso, a relação Razão-Desrazão constitui para a cultura ocidental uma das dimensões de sua originalidade".

Esse storytelling, atrelado à mitologia clássica e a universos mágicos, é o que o metaverso oferece hoje. Para o gênio da lâmpada, limitado pela ética cosmológica deste mundo, pedir para ter direito a mais desejos era inaceitável. Mas a cosmologia do metaverso é outra. Nele, você poderá fazer os desejos que quiser, sem infringir as regras. Por isso ele é tão atraente. Realizar desejos que vão muito além da realidade palpável transgride, inclusive, o limite das redes sociais.

Hoje a tecnologia permite colocar filtros no Instagram simulando estar dentro de uma piscina quando, na verdade, se está na laje de casa com uma lona azul ao fundo. É possível alugar um avião no Campo de Marte só para tirar fotos dentro, publicar nas redes sociais e forjar que se está viajando de jato particular.

As pessoas já têm simulado uma realidade que não existe no mundo físico, mas que se organiza na sua psique. No metaverso, essa realidade poderá ser vivida e usufruída de maneira muito mais imersiva.

Durante esse processo de transgressão — no sentido de fugir às regras e ao destino predeterminados pelo contexto social —, a tecnologia já tem municiado os seres humanos com superpoderes antes inimagináveis. Ao ouvir uma música tocando, imediatamente descobrimos o nome da faixa e quem é o artista que a está reproduzindo, por intermédio do Shazam.

Podemos estudar todo tipo assunto na hora que quisermos e com a profundidade desejada. Podemos também falar com pessoas em qualquer lugar do mundo, sem custo ou tarifa.

Hoje qualquer objeto da cor e do modelo que desejar, está disponível para compra em sites do mundo todo, que o entregarão na porta da sua casa.

XIV | METAVERSO

Caso sonhasse em ter um apartamento haussmanniano para passar as férias em Paris ou viver em uma vila em Cannes, isso seria impossível a não ser que tivesse muito dinheiro. Hoje, plataformas de locação por temporada lhe permitem hospedar-se onde desejar, em imóveis com a arquitetura que mais lhe aprouver, e viver nesses lugares pelo tempo que for viável, como um milionário que possui uma vila Cannes.

Antigamente, era preciso em torno de R$ 80 mil para ter em torno de 2 mil CDs em casa e poder ouvir todas as músicas que desejasse. Agora, por uma assinatura com um valor quase simbólico, mais de 50 milhões estão disponíveis nos smartphones, a qualquer hora.

Ter um carro com motorista, andar no banco de trás lendo um livro, cochilando ou verificando e-mails era uma suntuosidade para poucos. Hoje, aplicativos de corrida disponibilizam carros de diferentes categorias, das populares às mais luxuosas, para ir a qualquer lugar.

É interessante notar que a sociedade, de alguma maneira, já tem sido modificada pelas interferências tecnológicas. O rompimento com o status quo, impensável poucas décadas atrás, tem um efeito multiplicador. No metaverso, ele será exponencial. E é no metaverso que, definitivamente, esse tipo de desejo vai encontrar um solo fértil para se arraigar.

Esta é a principal questão, em termos sociológicos, que delineia a relação estabelecida com o mundo físico e com o metaverso. Se no plano físico o lema costuma ser *"Be all you can be"*, "seja tudo que você **puder**", no metaverso há uma nova forma de encarar o mundo, que é "Be all you *want to* be": "seja tudo o que você **quiser**" — tudo que você imaginar.

Essa transição entre "poder" e "querer", entre o possível e o impossível, muda totalmente a maneira como as pessoas se veem neste mundo. Além disso, a sociedade atual se abre para gerar uma realidade mais inclusiva, justa, com mais oportunidades, procurando dar chance às pessoas para serem aquilo que, com frequência, não lhes é permitido ser, em uma perspectiva de aceitação das diferenças. Nesse sentido, o metaverso pode ser, também, um ambiente adequado a todas essas aspirações.

CAPÍTULO 1

O VIRTUAL AO LONGO DO TEMPO: DO MINIVERSO AO METAVERSO

MINIVERSO
METAVERSO
MINIVERSO
METAVERSO

METAVERSO
METAVERSO
METAVERSO
METAVERSO
METAVERSO
METAVERSO
METAVERSO
METAVERSO
METAVERSO

CAPÍTULO 1

> "Não haverá uma clara separação entre antes e depois no metaverso. Será um processo contínuo e sem demarcação".
>
> — MATTHEW BALL,
> *venture capitalist*

UM ELEMENTO INVISÍVEL E ALTAMENTE CONtagioso começa a se alastrar pelo mundo. O que, a princípio, parece ser inofensivo, passa a ter impacto generalizado. A sociedade precisa, então, dar conta de resolver um problema que o seu próprio modo de vida criou.

Poderíamos estar falando da pandemia da Covid-19. Assim como ela, a epidemia de drogas que surgiu em uma realidade intrincada, na qual avatares vivem de acordo com as próprias regras e usufruem do que quiserem, começa a reverberar no mundo real. O que acontece no metaverso — a tal realidade "paralela" criada pelo hacker Hiro — nem sempre fica só no metaverso.

4 | METAVERSO

Esse é o enredo de *Snow Crash*, do autor Neal Stephenson, publicado em 1992. Foi a primeira vez que o termo "metaverso" foi usado, e a primeira vez que a definição de "*Be all you want to be*" foi expressa de maneira mais ampla. Hiro é um jovem de ascendência japonesa que trabalha como entregador de pizzas para um estabelecimento de reputação bastante questionável. Mas não se limita a isso. Além de hacker, no metaverso, Hiro é um espadachim.

Foi nessa obra em que, pioneiramente, o metaverso foi descrito como uma realidade paralela, de infinitas possibilidades, onde vamos poder realizar nossos sonhos e desejos, antes inatingíveis na nossa realidade cotidiana e física. É no metaverso que a transcendência digital ocorre.

O conceito de metaverso significa replicar sua vida, seus interesses, suas rotinas e suas relações no universo digital. Nele, você vai construir sua casa, passear no shopping, fazer compras, frequentar bares, assistir a shows com os amigos. Em suma, tudo o que nós fazemos aqui, passaremos a fazer também no metaverso, usando *devices* que proporcionam uma experiência muito mais imersiva. No entanto, na falta desses equipamentos, ainda será possível usufruir disso através da tela do celular ou do *notebook*.

O *THIRD PLACE* E O METAVERSO

RAY OLDENBURG, QUE SE AUTODENOMINA SOCIÓLOGO urbano, é um PhD em sociologia que se concentra nas análises e discussões sobre a vida nas grandes comunidades ou megalópoles. Segundo ele, todos temos dois espaços de convívio onde passamos grande parte das nossas vidas. O primeiro (que ele denomina *First Place*) é a residência onde moramos e onde cada um de nós tem um papel social fixo a desempenhar. Em casa, somos pais, mães, filhos, e temos responsabilidades e deveres específicos a partir de uma hierarquia previamente definida.

O segundo (*Second Place*) é o ambiente de trabalho, a empresa onde atuamos profissionalmente. Lá também temos papéis rígidos e predefinidos, com base no nosso cargo ou função, a quem nos reportamos, nossos chefes e subordinados etc. De acordo com Oldenburg, nesses dois locais, somos seres com expectativas de comportamento previamente determinados e sempre regidos por uma ordem social e hierárquica que elimina nossa espontaneidade e liberdade de ação. Essa pressão originada pela necessária rigidez comportamental de papéis predeterminados acaba gerando uma carga psicológica que, de alguma forma, precisa ser reduzida.

Para isso, segundo Oldenburg, é fundamental que exista o *Third Place*, uma terceira zona de convívio onde possamos ser nós mesmos, livres de papéis sociais rígidos e onde a espontaneidade impere. Ele cita o happy hour, o futebol de fim de semana, o churrasco de domingo ou a academia de ginástica após o expediente como exemplos desse ambiente mais autêntico onde o presidente da empresa e o office boy se tratam como iguais e onde cada um é si mesmo, sem amarras comportamentais ou expectativas de desempenho.

Seus estudos revelam que há uma necessidade psicológica imperiosa em cada um de nós que exige nossa presença nesse terceiro lugar, uma área relaxada de convívio espontâneo, fundamental para nosso conforto e equilíbrio emocional. Em seu livro *Celebrating the Third Place,* Oldenburg reforça que a valorização desse espaço não hierárquico é cada vez maior nas comunidades urbanas com alta concentração de gente, graças ao consequente estresse de uma vida caótica e agitada.

Mais uma vez, o metaverso surge como uma oportunidade adicional de dar suporte a essa necessidade que todos temos de sermos nós mesmos, transformando-se numa espécie de *Third Place* virtual, em que cada um de nós vai poder exercer a autenticidade sem limites, amarras e hierarquias.

A pandemia foi o grande test drive global da hiperconexão digital entre as pessoas, o que, sem dúvida, vai colaborar muito para a aceleração do metaverso.

O distanciamento forçado de todos obrigou, incluindo os mais renitentes e refratários, cada um de nós a utilizar os aplicativos de reuniões virtuais, gerando na sociedade uma experiência global de presença digital e não física.

O resultado emocional no qual as pessoas que estão estudando esse assunto acreditam é que, em pouco tempo, seremos incapazes de distinguir a realidade da ficção. Um dia, nos encontraremos com alguém no plano físico e vamos convidá-lo para ir a um show no metaverso; quando estivermos no show, vamos conhecer outra pessoa, que vive no exterior; algum tempo depois, ao visitar esse país, nos encontraremos com ela; e um dia, nós poderemos ir a uma festa no metaverso. Em determinado momento, talvez não saibamos quem são ou onde encontramos tais pessoas — será difícil lembrar para diferenciar o que aconteceu no mundo físico ou no metaverso. E, cá entre nós, isso é irrelevante. Afinal, nós estaremos, de alguma maneira, nos relacionando e nos comunicando de maneira tão sofisticada quanto o fazemos *tête-a-tête*.

Assim, a tecnologia imersiva está acelerando e agudizando a dualidade inclusiva, que é essa capacidade de estar em dois lugares ao mesmo tempo e não diferenciar mais um do outro.

Segundo Neha Singh, fundadora da Obsess, nós temos uma nova existência, que já começou com as redes sociais e que vai ser expandida dentro dos ambientes virtuais. Como o próprio nome sugere, *meta* significa ir além, e é exatamente isso que está acontecendo. O metaverso representa um universo maior, muito mais abrangente do que aquele que existia até recentemente neste planeta, e ele adiciona inúmeras camadas que ampliam a experiência humana.

Essa experiência, cheia de nuances distintas, vai ter, sim, um impacto grande na psicologia das massas e nas necessidades e carências humanas.

"O ponto-chave que justifica a definição do Antropoceno como uma nova era geológica é a mudança radical que aconteceu a partir do momento em que os humanos começaram a dar utilidade à energia solar armazenada. Isso faz com que o período Antropoceno seja a segunda etapa no processamento do poder do Sol pelo planeta. Na primeira etapa, o processo químico da fotossíntese permitiu que os organismos convertessem a luz solar em energia química e a terceira etapa será o Novaceno, período em que a energia solar será convertida em informação."

O autor e pesquisador James Lovelock, criador da Teoria de Gaia, parte desse ponto para definir a Era que sucede o Antropoceno e na qual conviveremos com a inteligência artificial, robótica e hiperinteligência cognitiva aplicada. Ao apresentá-la, Lovelock defende que, para existir, o Novaceno independe do tipo de tecnologia usado; o que concretiza esta nova Era é a engenharia usada para construí-la.

Segundo Lovelock, uma necessidade de engenharia — a de que máquinas pudessem manipular outras máquinas — foi o que motivou a DeepMind submeter o AlphaZero a aprender a jogar Go. As limitações impostas pelos insumos obrigaram os fabricantes a combinarem hardware e software para alcançar melhores desempenhos, o que nada mais é do que convergir esforços humanos e de máquinas para obter novas máquinas. Descrita dessa forma, a conjunção entre engenharia de software, engenharia de hardware, inteligência artificial e gestão parece quase diminuta. No entanto, é por meio dela que observamos um novo mundo ser construído.

Os mais pessimistas e catastróficos dizem que esse fenômeno poderá ampliar as desigualdades, visto que quem tiver condições financeiras seguirá experienciando o mundo físico, enquanto aqueles que não têm a possibilidade de fazer isso no mundo físico ficarão cada vez mais restritos às suas casas e ao metaverso.

Esse tipo de pensamento ignora que, hoje, as pessoas que não têm dinheiro para viajar ou desfrutar de outras experiências que demandam dinheiro já estão limitadas às suas casas, só que sem a possibilidade de explorar outros lugares. Com o metaverso, quem hoje não pode viajar terá uma oportunidade de conhecer lugares até então inimagináveis.

Pensando no aspecto das experiências que ficam restritas a determinados nichos devido à tecnologia, o que vemos atualmente, inclusive, nos indica o contrário, afinal são os mais abastados que se enclausuram em casa, com televisores gigantes e aparatos tecnológicos, enquanto a população em geral é quem frequenta cinemas e desfruta da arte cinematográfica nos moldes para os quais ela foi pensada.

Outra visão apocalíptica é exemplificada pelo filme *O Jogador Número Um*, de Steven Spielberg, que retrata uma sociedade devastada, vivendo uma realidade distópica. Morando em contêineres e recebendo pizzas entregues por drones, sem sair de casa, as pessoas de todas as idades buscam uma fuga nos games e na realidade virtual. Nesse cenário, dois jovens também buscam a realidade dos games, mas desenvolvem avatares elaborados e passam a viver vidas paralelas cheias de aventura, ao lado de criaturas fantásticas, dentro do metaverso. Lutam contra tudo e contra todos, mas sem sair do sofá. Embarcam na imaginação alheia, para compensar a própria incapacidade de criar e sonhar.

Certamente, esta é uma realidade horrível e intolerável. Mas é somente uma das versões. E, mais uma vez, as obras de ficção científica nos mostram o lado mais sombrio da evolução tecnológica.

Por outro lado, essas infinitas possibilidades podem ser um incentivo para as pessoas trabalharem mais, a fim de conquistar mais coisas no metaverso e, ainda, vivenciar no plano físico tudo o que as cativou no metaverso, podendo descobrir um novo universo de possibilidades e conhecer ainda mais o seu próprio mundo.

A aquisição de produtos incorpóreos dentro do metaverso torna-se uma espécie de test drive, para que os usuários possam experimentar diferentes produtos e marcas. Isso se torna um incentivo, por exemplo, não para ficarem acomodados no sofá apenas usufruindo do metaverso, mas para que trabalhem mais e gerem mais valor, para poderem conquistar, no mundo físico, esses objetos de desejo até então inacessíveis.

Na mesma toada do pessimismo, Sócrates, no diálogo com Fedro, ao descrever a origem da escrita, observa que esta, ao invés de auxiliar a memória, a prejudicaria, pois aquele que se dedicasse à escrita perderia o desejo e, aos poucos, a capacidade de exercitar a memória. No entanto, se hoje temos registros dos diálogos de Platão, das doutrinas de Sócrates e de todas as grandes narrativas da humanidade, é graças à escrita.

Concentrar-se sempre no pior cenário está relacionado ao que chamamos de síndrome do sentimento reverso — a sensação de alívio ao ver uma catástrofe acontecendo distante de nós. Observar o futuro sob essa perspectiva é pensar que "quando eu não estiver mais neste planeta, a vida estará fadada ao caos".

Quando Johannes Gutenberg, no século XV, nos trouxe a possibilidade de impressão em massa, muitos diziam que este seria o fim da cultura humana, pois não guardaríamos mais o conhecimento em nossas cabeças. Quando surgiu a televisão, a ladainha pessimista previu uma sociedade de inúteis, hipnotizados pelas telinhas. Para alguns, isso foi até verdade. Mas a maioria incorporou essa tecnologia em suas vidas e seguiu em frente, trabalhando, estudando e progredindo. E isso deverá se repetir com a introdução do metaverso. Toda nova tecnologia tem seu lado positivo e negativo, e a escolha é nossa por utilizá-la a nosso favor ou contra nós.

> PARA APROVEITAR O MELHOR DO METAVERSO, O IDEAL É NÃO ESPERAR.
> NÃO ESPERAR PARA ENTRAR.
> NÃO ESPERAR RESULTADOS IMEDIATOS.

Desde o final do século XX, a cibercultura influencia nossas tomadas de decisão e nossa interação social. O avanço exponencial da tecnologia, por sua vez, viabilizou uma comunicação virtual global. Passamos a ter a possibilidade não só de acessar o que foi produzido pelos demais, de ler o que foi publicado em diferentes fontes, mas também de publicar nossas ideias, sem precisar escrever um livro com essa finalidade. O fluxo de informações se intensificou, conforme ficávamos cada vez mais ciber-híbridos — sem distinção entre online e offline.

O que aqui, de maneira provocativa, chamamos de "miniverso digital" é este mundo movido a *dados* que se convertem em *informações* — e estas, por sua vez, geram valor. Hoje, ele já opera sob a lógica do Novaceno.

Ainda que haja divergências com relação à epistemologia do termo, define-se que "informação" é o modo comunicado do conhecimento produzido. A produção de conhecimento e a detenção de informações são componentes fundamentais para o desenvolvimento econômico, acadêmico, social e, por conseguinte, para detenção de poder. No período pós-Segunda Guerra Mundial, com o advento das mídias e tecnologias, o acesso à informação se expandiu, impactando as relações globais e o status quo, e tornou-se um marco histórico, gerando o que hoje conhecemos — e compomos — como sociedade da informação.

Para as organizações, esta é uma oportunidade estratégica para desenvolver profissionais, softwares e ferramentas necessárias a fim de atuar no metaverso, seja para promover sua marca, vender e aumentar as receitas ou alcançar o mercado global, seja para efetuar a coleta e análise de dados que serão fundamentais nessa nova era da informação individualizada.

Para os usuários, é a chance de colaborar para o desenvolvimento de um universo expandido, construído a milhões de mãos, com protocolos refinados de segurança de dados, baseados em blockchain (sobre o qual falarei mais adiante).

Neste universo digital, estamos construindo um novo ecossistema habitável, que vai ao encontro dos esforços que imprimimos na criação dos dispositivos tecnológicos e no ímpeto de que tais dispositivos operem em nosso favor de maneira generativa.

A primeira preocupação que você, leitor, pode ter é com a privacidade. Esta é uma preocupação legítima, com a qual os operadores do metaverso terão que lidar com acurácia, uma vez que a coleta de dados, inclusive biométricos, será ainda mais intensiva.

Por outro lado, se a coleta massiva de dados é uma questão preocupante devido ao receio da vigilância e do monitoramento por parte de Big Techs (e, mais ainda, de governos autoritários), ela, também, não é novidade. Ao longo de séculos, governos locais têm levantado dados sobre cidadãos, para monitorá-los, por motivos econômicos ou políticos, antes mesmo do amparo de dispositivos eletrônicos.

E a tecnologia, assim como os dados, é neutra. Eles viabilizam tomadas de decisões mais assertivas, para empresas e para indivíduos. Ao fim e ao cabo, o que interessa é de que modo esses dados serão tratados, tendo em vista a privacidade.

O advogado e diretor da Microsoft, Brad Smith, corrobora esse ponto de vista, no livro *Armas e ferramentas: O futuro e o perigo da era digital*, ao afirmar que: "A sociedade civil depende da aplicação da lei para manter-se em segurança. Mas você não consegue apanhar criminosos ou terroristas se não os encontrar — e isso exige acesso permanente às informações. No século XXI, essas informações geralmente se localizam nos data centers das maiores empresas de tecnologia do mundo. Ao mesmo tempo que o setor tecnológico tenta fazer sua parte para manter a sociedade civil em segurança e proteger a privacidade das pessoas, andamos no fio da navalha. Devemos nos equilibrar nessa linha tênue, enquanto reagimos a um mundo fluido e em rápida mudança".

O VIRTUAL AO LONGO DO TEMPO | 15

  Essa é a complexidade que os operadores e usuários do metaverso enfrentam, mediante a fluidez do mundo atual — ao migrar de um universo digital para um metaverso cujas fronteiras mesclam o físico e o virtual, em uma nova fase da sociedade, cada vez mais liberta e controlada ao mesmo tempo.

———

BREVE LINHA DO TEMPO COM

1962 — É criado o *Sensorama*, por Morton Heilig, um dos primeiros equipamentos com tecnologia multissensorial imersiva, com a intenção de amplificar as experiências proporcionadas pelo cinema.

1974 — É lançado o *Maze War*, um jogo pioneiro tanto na possibilidade de se jogar em primeira pessoa como em proporcionar a experiência 3D em um *game*.

1976 — Surge o *Multi-User Dungeon* (MUD), o primeiro jogo multiplayer em tempo real, criado por Roy Trubshaw e Richard Bartle.

1992 — É cunhado o termo "metaverso", na obra *Snow Crash*, de Neal Stephenson, uma obra seminal de ficção científica e cyberpunk.

1995 — Surge a Active Worlds, uma plataforma virtual para distribuição de conteúdo online 3D e interativo em tempo real.

2000 — É lançado, pela Nintendo, o primeiro jogo da série *Animal Crossing*, que simula interações sociais.

2012 — Vem à tona o conceito de NFT (*Non-Fungible Token*), que representa itens únicos. Diferentemente da moeda, que é intercambiável (seja ela digital ou não), o NFT está atrelado a um item único e não pode ser trocado por outro.

2016 — Nasce o *Pokémon GO*, o jogo de realidade aumentada que, usando dispositivos com GPS, sobrepõe o mundo virtual ao real.

2017 — É lançado o *Fortnite*, jogo multiplayer desenvolvido pela Epic Games que engloba diferentes mídias e, em parceria com diferentes marcas, vem aproximando seus usuários da experiência no metaverso.

OS MARCOS DO METAVERSO

1983 — É lançado o Pinball Construction Set, criado por Bill Budge, inaugurando o estilo de jogo UGC (user generated content, ou conteúdo gerado pelo usuário), no qual o usuário interage com o game de maneira mais livre e transforma o cenário, ainda que de maneira limitada.

1987 — Surge o *Habitat*, desenvolvido pela LucasArts e considerado o precursor dos atuais MMORPGs (*massive multiplayer online role-playing game*, ou jogo de interpretação de personagens online e em massa para multijogadores).

1990 — É desenvolvido o *Neverwinter Nights*, efetivamente o primeiro RPG multiplayer online com gráficos, desenvolvido pela Beyond Software, SSI e executado na AOL.

2003 — Estreia o *Second Life*, até então o jogo em 3D mais imersivo e baseado em UGC, criado pelo Linden Labs e que está online até hoje, com ampla expansão.

2006 — É lançado o *Roblox*, por Erik Cassel e David Baszucki, jogo online baseado em mundo aberto, multiplataforma e de simulação do multiverso, que permite aos jogadores criarem os próprios mundos virtuais e interagirem entre si.

2009 — Surge o Bitcoin, a criptomoeda criada por uma pessoa conhecida como "Satoshi Nakamoto" (que nunca foi vista e que não se sabe, de fato, quem é ou quem são). Na esteira do Bitcoin, foi criado o blockchain, uma estrutura de dados que permite a criação de um livro-razão digital, que pode ser compartilhado.

2020 — O *Fortnite* promoveu o que ficou conhecido como primeiro show no metaverso, com uma audiência de 30 milhões de pessoas para assistir Travis Scott e Marshmello na plataforma do *game*.

IDENTIDADE
DUALIDADE

CAPÍTULO 2

IDENTIDADE E DUALIDADE INCLUSIVA

METAVERSO
METAVERSO
METAVERSO
METAVERSO
METAVERSO
METAVERSO
METAVERSO
METAVERSO
METAVERSO

CAPÍTULO 2

"Hoje, a nossa vida e o nosso bem-estar dependem cada vez mais de uma realidade mista, que engloba tanto o mundo físico quanto o digital".

— MARTHA GABRIEL, *futurista*

QUANDO FOI LANÇADO, EM 2009, O FILME *Avatar*, do premiado diretor James Cameron, chegou aos cinemas cercado de expectativas, mas também acompanhado de algumas controvérsias. As controvérsias, no entanto, não estavam relacionadas aos conflitos entre seres humanos e humanos híbridos, resultantes de engenharia genética, durante a colonização de um planeta.

Os efeitos especiais do filme, para a tecnologia do IMAX (que, então, ainda era novidade no Brasil), além de impressionantes, estavam fazendo com que alguns espectadores (poucos em número, mas o suficiente para chamar a atenção) passassem mal durante a sessão no cinema. Isso gerou especulações, notícias sensacionalistas e um tanto de pânico moral. Mas logo ficou claro que o mal-estar causado estava relacionado a uma possível epilepsia fotossensível de quem estava na plateia.

Ora, a possibilidade de um futuro no qual humanos e robôs convivam de maneira pouco amigável, e talvez até destrutiva, tanto para as pessoas quanto para os planetas, então, causa menos espanto do que um ou dois casos de espectadores que se sentiram mal no cinema? Estaria a sociedade se acostumando com essa possibilidade de coabitação, neste e em outros planetas?

A palavra "avatar" tem origem no hinduísmo e significa a ascensão da forma física por uma divindade quando ela chega à Terra. Em 1985, o termo foi usado pela primeira vez no âmbito da tecnologia, em um videogame chamado *Garriot*, como uma metáfora do universo criado para ele e que se manifestava no mundo real. Desde então, o nome "avatar" passou a ser usado para designar figuras tecnológicas que, de algum modo, convergem com o mundo "real" — entenda "real", aqui, como o plano físico, não virtual; no entanto, está cada vez mais claro que o mundo virtual é tão real e tangível quanto o físico. O metaverso é o ápice disso.

Por mais jovem que você, leitor, possa ser, é possível que se recorde do lançamento do *Second Life*, em 2003. Caso essa memória seja muito longínqua, explicamos: em resumo, o *Second Life* era uma espécie de metaverso pretendido na época, criado com as ferramentas tecnológicas disponíveis até então. Nele, criávamos um bonequinho — um avatar —, de maneira bem grosseira, na tentativa de que ele fosse mais ou menos como nós gostaríamos de ser, e interagíamos com as pessoas, por meio da escrita. Podíamos nos sentar num bar, por exemplo, e ter conversas tri-

IDENTIDADE E DUALIDADE INCLUSIVA

viais com os outros jogadores, do tipo "Oi, tudo bem? Você é de onde?". O que, por estar limitado à digitação, restringia, e muito, a espontaneidade da interação.

Passado o hype inicial, esse ambiente digital perdeu relevância e ficou no underground, apesar de ainda existir — e movimentar valores expressivos em dólares. Isso aconteceu porque não havia uma perspectiva de identidade: a gente não se via no metaverso. O que a gente via eram bonequinhos malfeitos — que, teoricamente, eram um de nós —, mas, como era tudo muito rudimentar, o senso de pertencimento não era construído. Além disso, no *Second Life* não havia literalmente nada para fazer a não ser ficar andando e conversando com estranhos. Nada de shows, jogos, festas, cursos, lojas etc.

Agora, o *Second Life* se relança com uma plataforma muito mais robusta, na qual você pode ser exatamente o que você é ou como você deseja. Consequentemente, isso fortalece a sua identidade, o que gera muito mais senso de pertencimento. Você pode ser DJ, modelo, cantor, mágico, cowboy, o que for, dentro desse mundo. Depois de quase 20 anos, talvez tenha chegado a hora de o *Second Life* acontecer de fato. E nessa segunda vida, ou renascimento, talvez exista alguma dose previsível de sucesso.

Um exemplo interessante de como as coisas evoluíram além do *Second Life* é o *Avakin Life*. Este é outro mundo dentro do metaverso onde você vive uma nova vida, com uma infinidade de atividades potenciais: encontra os amigos, compra ingresso para um show, se veste para ir a uma festa, participa de um game ao vivo e assim por diante. Mas a interface desse mundo no metaverso não para por aí. O grupo de rap brasileiro Haikaiss fez um show virtual dentro do *Avakin Life*, e o evento contou com 1 milhão de *unique visitors* e mais de 2,5 milhões de visitas. Foi uma grande parceria entre a plataforma, o artista e a gravadora Som Livre, que se mostrou muito bem-sucedida.

Outro mundo que também já está bastante maduro é Imvu. A capacidade e a qualidade dos avatares dele são muito melhores do que a média dos demais no metaverso. Nele, você constrói realmente uma pessoa — ou seja, você mesmo — usando os filtros do Instagram. No entanto, você pode ter um quadril um pouco mais largo, uma cintura um pouco mais fina, a boca um pouco mais grossa, ser mais alto ou ser mais baixo... ou seja, você define como você é ou como quer ser.

Portanto, talvez uma das coisas mais relevantes que têm ocorrido em relação ao metaverso é a sofisticação e a multiplicidade dos avatares, que são realmente impressionantes. E por que isso é importante? Porque não basta um bonequinho feito de qualquer jeito para que eu tenha a sensação de que sou, de fato, eu quem está lá.

Essa sofisticação dos avatares está chegando ao limite da realidade, gerando uma percepção efetiva de dualidade inclusiva, em que as personas real e digital se fundem, para viver experiências variadas, unas e convergentes. É uma questão de tempo para que a tecnologia atual, que ainda é complexa e cara, avance e se torne mais barata — como acontece com tudo na tecnologia.

IDENTIDADE E DUALIDADE INCLUSIVA

A Unreal Engine, da Epic Games, está produzindo avatares que, ao vê-los, podemos confundi-los com uma foto ou filme de você mesmo. Eles são feitos por meio do software MetaHuman, no qual você escolhe o que quiser para construir a sua própria persona, bem como para personalizá-la ao longo do tempo, de acordo com as suas mudanças tanto físicas quanto subjetivas. Segundo essa produtora, os "Metahumans" são tão reais que você pode desbloquear seu celular com eles.

Dentre tudo o que está acontecendo, ao nosso ver, este talvez seja o fenômeno sociológico que mais vai dar força para o metaverso: a capacidade de nos vermos dentro dele. Afinal, no metaverso, a nossa persona física e a persona digital se unem em uma só realidade — e o que acontece com um, afeta diretamente o outro, de maneira indistinta. É assim que viveremos o nosso próprio *Snow Crash*.

Obviamente, assim como hoje existe uma imensidão de perfis falsos ou que usam avatares de personalidades famosas, animes, bichos e assim por diante, no metaverso, se alguém quiser ser uma banana, um monstro, um ornitorrinco, sem ter a sensação da dualidade inclusiva, isso também é possível.

Vale ressaltar que, aqui, não nos referimos à falsidade ideológica. Passar-se por outra pessoa real, na internet ou fora dela, é crime, mesmo que o intuito não seja o de prejudicar ninguém ou obter alguma vantagem ilícita. Estamos falando de fazer fluir sua imaginação e deixar que seus desejos mais recônditos venham para a superfície.

A necessidade de cibersegurança, tanto no âmbito corporativo quanto no individual, inclusive, é um dos desafios que podem emergir com a ascensão do metaverso, uma vez que avatares realistas possam ser usados para burlar sistemas de reconhecimento facial ou para aplicação de golpes. No entanto, a criação de personas inspiradas em figuras famosas ou míticas é uma possibilidade em aberto e que pode, sim, ser explorada. Ser um gato que vai a uma festa na casa de Alexandre, o Grande, e toma alguns drinks acompanhado de Cleópatra e Abraham Lincoln é uma experiência que apenas o metaverso poderá lhe proporcionar.

O *Second Life* e as demais interfaces do metaverso, bem como as redes sociais, provocam uma sensação de *espaço liminal* — um ambiente transitório, que leva de um local a outro, em uma fluidez entre o tempo e o espaço. Muitas vezes, esses espaços causam estranheza e desconforto, graças à sensação de vazio ou de não pertencimento que provocam, ao mesmo tempo em que são necessários e até familiares, pois viabilizam o tráfego tanto físico quanto psicológico e emocional. Escadas de edifícios, estacionamentos e corredores são os exemplos mais corriqueiros de espaços liminais.

Depois de tantos anos imersos nas redes sociais e experienciando os universos digitais, a entrada no metaverso será sentida cada vez menos como espaço liminal, tornando-se mais comum e familiar. A transição entre o mundo físico, o miniverso digital e o metaverso deixará de ser estranha e será normal e usual. E o que eram vidas distintas, no âmbito físico e no digital, por fim, vão se fundir em uma só.

Mais do que puro entretenimento, essa é uma forma poderosa de se colocar no mundo. O uso intensivo das redes sociais, associado ao culto à beleza, é um terreno fértil para quadros do chamado transtorno dismórfico corporal, que faz com que as pessoas tenham uma percepção equivocada da própria aparência, vendo supostos defeitos ou formas alteradas em si mesmas. Quantas vezes você já sentiu que o espelho estava mentindo para você, para o bem ou para o mal?

Ainda, há pessoas sofrendo porque não receberam o reforço positivo esperado no Instagram, que vem, nas redes sociais, em forma de likes ou de comentários. Isso já é uma realidade, que pode, sim, se manter no metaverso. Mas talvez esta seja uma visão um pouco apocalíptica associada à perspectiva de enclausuramento das pessoas em ambientes físicos para explorar ambientes virtuais e se fazer presentes neles.

Existe um termo específico para designar pessoas que se isolam assim: *hikikomori*. Embora a nomenclatura tenha se originado no Japão, este é um fenômeno comportamental que ocorre em vários lugares do mundo. Classifica-se como *hikikomori* quem nunca ou raramente saiu de casa nos últimos seis meses. Apesar de não haver uma razão objetiva que explique tal comportamento, a falta de atividades de lazer e a sensação de não pertencimento a determinados ambientes aumentam a predisposição a ele.

No metaverso, além de ter opções de entretenimento que não impõem interações sociais, não há versões certas ou erradas de cada indivíduo. Existem as personas que cada um deseja criar, a figura que, para ele, é real, pois ele se vê assim. Com isso, vai optar por uma roupa que seja mais adequada à sua personalidade; depois, vai incluir os acessórios que deseja usar; fazer o tipo de tatuagem que quiser; deixar crescer o bigode ou pintar o cabelo. A sua persona é exclusivamente sua, sem estar amarrada a padrões de beleza ou preconceitos. Novamente, o reforço da identidade atrelado ao senso de pertencimento é um ativo poderoso do metaverso.

No Imvu, você escolhe também o animal de estimação que vai conviver com você no metaverso. Além disso, há 30 milhões de opções de compra para fazer — muito mais do que qualquer shopping center do mundo físico.

Dentro do Imvu, você vai construir sua casa e mobiliá-la, depois vai convidar os seus amigos para visitá-lo e, juntos, vocês vão a uma festa dançar. Mais tarde, poderão participar de um jogo interativo, torcer, apostar, ir a um karaokê e assim por diante. Em resumo, pense em tudo o que alguém pode fazer em um sábado à noite: é o que as pessoas estão fazendo no metaverso, de dentro de suas próprias casas.

Em 2014, um casal em Oslo, na Noruega, foi surpreendido com um grupo de jovens que apareceu para prestar condolências no funeral do seu filho, Mats. O rapaz padecia de uma doença degenerativa, que fez com que ele ficasse recluso e dependente de uma cadeira de rodas durante a maior parte da sua vida, que findara aos 24 anos. E quem eram aqueles jovens? Amigos com quem Mats conviveu durante mais de uma década, sem nem ao menos conhecê-los pessoalmente.

No jogo *World of Warcraft*, Mats criou uma nova persona, o sedutor e misterioso lord Ibelin, cuja vida ele viveu intensamente, rodeado de amigos e até mesmo com uma namorada, que ele conheceu no jogo ainda na adolescência. Após sua morte, os ecossistemas nos quais Mats estava inserido convergiram e ajudaram a acalentar o luto dos pais dele.

Jogos, afinal, são um tipo de metaverso, já que proporcionam uma experiência imersiva ao usuário. Ainda que de acordo com as possibilidades de cada jogo — se é possível jogar em primeira pessoa ou com um avatar predefinido —, o player caracteriza a si mesmo como desejar, interage com os demais personagens, toma decisões dentro de determinados contextos e lida com os conflitos. Em jogos como os da série *Yakuza*, o jogador interage com o cenário livremente, vive histórias paralelas à história principal e habita a cidade de Tóquio de maneira intensa e profunda, experienciando a sensação de espaço liminal.

No entanto, os jogos são o estágio inicial. O metaverso é o espaço-além, uma experiência avançada não limitada aos jogos ou à gamificação, capaz de integrar os mais variados contextos de experimentação e convívio, em primeira pessoa. Inclusive, os jogos podem estar inseridos no metaverso, como parte do que você pode fazer dentro dele.

Esses são apenas alguns exemplos simples, mas impressionantes, que ilustram bem como o metaverso, com certeza, engloba tudo. E não estamos dizendo que "será assim", no futuro, pois o metaverso "já está sendo", principalmente para muitos usuários e marcas que têm sido pioneiras ou que estão sabendo se aproveitar muito bem desses mundos.

Isso tudo abre oportunidades inéditas para a chamada comercialização incorpórea de produtos. Esta é a possibilidade de criar uma empresa com insumos totalmente digitais, como The Fabricant, de empresa de alta-costura que não usa um metro de tecido sequer. Atualmente, grandes costureiros, do mundo inteiro, estão, junto com a The Fabricant, produzindo moda exclusivamente para o metaverso e explorando possibilidades nunca antes vistas no mundo real, com resultados impressionantes.

A Under Armour e a Tommy Hilfiger são exemplos de marcas relevantes que já estão fazendo as suas coleções com a The Fabricant. Ou seja, grandes marcas estão se unindo a ela, devido à capacidade de criar virtualmente o que, muitas vezes, é difícil de concretizar no mundo físico.

O Boticário, por sua vez, colocou uma loja no shopping do *Avakin Life* e recebeu 9 milhões de visitas nela, aproximando-se de um novo público, em uma oportunidade única de ampliar a jornada de cliente, aprimorar a experiência do cliente e obter novas receitas.

Novamente, não se trata de um "vem aí": esses itens já estão disponíveis para compra, para que você não passe despercebido no metaverso, vestindo um belo look de grife. Pois, como fica cada vez mais explícito, a lógica do metaverso é as pessoas serem elas mesmas, porém aperfeiçoadas ou expressando-se conforme desejem.

Estamos falando de moda para jovens, mas também de itens para pessoas mais velhas, que são vendidos hoje a milhares de dólares. Esses valores vultuosos se devem ao fato de que os *early adopters* costumam ser os que têm mais dinheiro e os que apostam mais alto nesses ativos, mas em breve, graças à popularização do metaverso, esses itens serão acessíveis a todo mundo.

Ao trilhar esse caminho, nos deparamos com empresas que alcançam um valor de mercado expressivo, como a Zepeto, por exemplo, que pertence a SoftBank: hoje, ela vale 1 bilhão de dólares, vendendo apenas alta-costura para avatares. E, assim como as roupas, surgem calçados, acessórios, mochilas, equipamentos eletrônicos, dentre uma infinidade de itens que não existem em termos corpóreos.

Um fator importante que merece nossa atenção é o caráter global do metaverso. Enquanto ao abrir uma loja no shopping da sua cidade (com exceção de centros turísticos) você terá, em média, 90% de clientes da própria cidade e 10% de pessoas de fora, no metaverso é o inverso. Sua loja será visitada pela grande maioria de clientes de outras cidades, países e continentes, o que transforma seu comércio imediatamente em um negócio de alcance global, seja um pequeno ou grande estabelecimento. Por isso, o metaverso representa uma ruptura no conceito de limites geográficos que até hoje circunscreveu nosso potencial de crescimento e evolução.

> "Muito em breve teremos um infinito guarda-roupa digital e apenas algumas peças básicas em nosso closet físico".
>
> — KERRY MURPHY,
> *founder e CEO, The Fabricant*

Um próximo passo para que o metaverso realmente exploda em potencial é a *interoperabilidade*. Ou seja, todos esses mundos vão ter que se conectar para conviver, afinal, se criamos uma persona com identidade e características tão atreladas a nós, nosso desejo é o de que ela possa transitar por todos os mundos, sem prejuízo à minha experiência.

Se *eu sou* o meu avatar do *Imvu*, eu quero levá-lo para o *Avakin Life*, com as minhas roupas e o meu cachorro, ainda que o mundo seja diferente. Quando eu viajo de um país para outro, eu não me transformo em outra pessoa, nem jogo fora tudo o que eu tenho, para comprar tudo novo e recomeçar; então, os mundos do metaverso precisam me proporcionar essa mesma experiência.

Hoje, várias plataformas atendem aos requisitos para serem chamadas de metaverso, que são:

- IMERSÃO: diferentemente da experiência em um e-commerce, a experiência de compras no metaverso é virtualmente semelhante àquela vivida em um supermercado, no qual transitamos e tocamos os produtos para selecioná-los.

- **SINCRONICIDADE:** tudo acontece em tempo real, como nas interações cotidianas. Shows e eventos também têm dia e hora marcados, diferentemente da experiência do streaming. É a grande diferença entre realidade síncrona e assíncrona.
- **ECONOMIA:** múltiplas transações ocorrem o tempo todo dentro das plataformas do metaverso.

Conforme refletem Sílvio Dantas, diretor de inovação e transformação digital da Capgemini na América Latina, e Tharso Vieira, head de practical innovation na Capgemini, a ambição de Mark Zuckerberg é viabilizar a interoperabilidade plena entre as plataformas, para criar esse grande ecossistema com múltiplas plataformas.

Para isso, é necessário um protocolo de linguagem comum a todos. A internet foi disponibilizada para uso comercial em 1987. No início da década de 1990, havia 60 mil BBSs — ou internets específicas, pertencentes a cada empresa —, os quais só podiam enviar e-mail para quem fizesse parte da rede. Assemelhava-se ao que hoje conhecemos como intranet, ou seja, as redes internas de organizações, instituições de ensino, órgãos públicos etc., usados somente para comunicações internas. Em 1991, o World Wide Web, ou WWW, foi criado com o intuito de conectar pessoas e conhecimentos por meio de uma linguagem de publicação comum, HTML.

Dados os aprendizados acumulados nas últimas décadas, esse protocolo comum poderá ser criado para o metaverso em poucos anos. E cada usuário o experimentará de maneiras distintas — semelhante ao que acontece cotidianamente. Os lugares pelos quais nós transitamos, para onde viajamos, os restaurantes nos quais comemos e os bares que frequentamos podem não ser os mesmos onde cada um de vocês, leitores, costumam ir. E assim será no metaverso, tendo espaços e oportunidades para todos.

Nesse ecossistema, o avatar é mais do que uma figura por meio da qual um indivíduo se expressa: ele é um gêmeo digital. Trata-se da representação incorpórea de alguém, e a dor e o prazer sentidos por um são, igualmente, sentidos pelo outro, pois, juntos, formam um todo. Diz-se que gêmeos univitelinos — além de serem conectados durante a gestação — mantêm uma ligação mais profunda ao longo da vida. A relação com o gêmeo digital se assemelha a essa, porém com fronteiras muito mais intrincadas.

Atreladas à interoperabilidade, estão a segurança e a confiabilidade de todo o ecossistema, já que as diferentes interfaces, devices e aplicativos precisam funcionar de maneira fluida e segura.

Esse é um assunto ainda em análise, com muitas forças envolvidas, mas é preciso desapegar-se da ideia de *the winner takes all*, pois não se trata de uma disputa na qual haverá um único vencedor, e sim diversos competidores em um universo em expansão. Sem dúvidas, vamos apostar muito mais no metaverso quando a interoperabilidade entre esses vários mundos se concretizar.

POTENCIAIS DO METAVERSO

PESSOAS QUEREM SER O QUE NÃO SÃO. Tem gente que busca a experiência de gravidade zero, para simular que está no espaço e se sentir como um astronauta. Tem gente que cria perfis em redes sociais usando fotos e nicknames de celebridades e se comunicam com os seus jargões. Um exemplo mais extremo de "querer ser o que não é" é o da Elizabeth Holmes, que conseguiu investimentos de bilhões de dólares para a sua empresa, a Theranos, em busca de ser a "nova Steve Jobs" — tudo isso sem que o produto dela, supostamente revolucionário, funcionasse nem fosse minimamente viável. Ou seja, o metaverso vai permitir que as pessos sejam quem elas quiserem, sem sofrimentos sociais e psíquicos e sem que precisem cometer crimes.

PESSOAS GOSTARIAM DE TER OUTRA VIDA. O caso do rapaz norueguês que, durante décadas, viveu a vida que ele desejava, correndo sobre as próprias pernas e com status de nobreza, graças a um jogo online, é um exemplo de como o universo expandido virtual proporciona uma vida totalmente diferente para quem a desejar. O metaverso viabiliza que as pessoas frequentem lugares nunca antes imaginados; assistam a shows de artistas que nunca vieram a seu país; e se relacionem com quem elas quiserem. Nele, é possível viver outra vida, ao mesmo tempo em que esta se funde à vida real.

PESSOAS NÃO ESTÃO SATISFEITAS COM A PRÓPRIA APARÊNCIA. O Brasil lidera o ranking mundial de cirurgias plásticas e procedimentos estéticos. Apenas em 2021, houve um aumento de 140% na busca por esse tipo de intervenção, e os jovens estão à frente dessa estatística, segundo dados da Sociedade Brasileira de Cirurgia Plástica. Os principais motivos para essa busca por mudanças, segundo os pacientes, são insatisfação com o próprio corpo, problemas de autoimagem, sensação de pressão social por um "corpo-padrão" e comparações com a aparência de outros, principalmente graças às redes sociais. Mas o elemento mais peculiar que vem atrelado a tudo isso é que, em boa parte dos casos, essa insatisfação consigo mesmo não é resolvida após a realização dos procedimentos de beleza; alguns até se arrependem das cirurgias. Para esses casos, o metaverso poderá ser um grande laboratório de autoconhecimento. As pessoas poderão criar seus avatares e ver a si mesmas de diversas formas e com diferentes aparências; além disso, e o mais fascinante, é o que poderão, então, "viver" naquele novo corpo e entender se aquela manifestação física faz sentido para elas ou não. Tudo isso a um custo muito menor do que o de uma cirurgia plástica e de maneira não invasiva.

PESSOAS FINGEM SER DIFERENTES. Nas redes sociais, é comum os usuários criarem personas para se expressar de modo diferente do que costumam ser na vida real ou do que desejam ser. Isso se dá graças à busca por engajamento ou à necessidade de se adequar a certos padrões que são exigidos

IDENTIDADE E DUALIDADE INCLUSIVA

socialmente, fazendo que os indivíduos suprimam as suas verdadeiras identidades. O metaverso, porém, é um espaço ampliado, diversificado e democrático, aberto tanto para que os usuários assumam suas verdadeiras identidades quanto para manifestarem suas expressões subjetivas e se expressarem como quiserem, espontaneamente.

PESSOAS QUEREM QUE OS OUTROS AS ACHEM MELHORES DO QUE ELAS SÃO. Muitas vezes, essa necessidade se reflete em gastos excessivos com roupas, acessórios e produtos de marcas, que acabam nem sendo usados ou dos quais a pessoa não gosta, mas que são consumidos apenas para se transmitir um suposto status atrelado a tais produtos ou marcas. Então, pense no enorme volume de necessidades psicológicas que levam uma pessoa a experimentar o metaverso e a se sentir parte dele, quando isso for facilmente possível e acessível à maioria da população.

CAPÍTULO 3

MARCAS E MERCADOS

MARCAS
MERCADOS
MARCAS

METAVERSO

METAVERSO

METAVERSO

METAVERSO

METAVERSO

METAVERSO

METAVERSO

METAVERSO

METAVERSO

CAPÍTULO 3

A DÉCADA DE 1960 FOI MARCADA POR MOVImentos de contracultura, em oposição aos valores dominantes e ao status quo. A Guerra do Vietnã polarizava opiniões, o que acirrava os ânimos, tanto daqueles favoráveis ao conflito quanto os daqueles que se opunham à guerra — fosse por fatores econômicos, considerando que milhões de dólares eram gastos em um confronto infrutífero, fosse pela danação dos jovens norte-americanos que precisavam ir ao front ou pela oposição ideológico-cultural.

Foi nesse contexto de efervescência política que, em 1969, aconteceu o Festival de Woodstock, destinado ao público jovem que se opunha a tudo o que estava à sua frente. O festival, que hoje nos parece icônico, atraiu cerca de 500 mil pessoas (número comparável ao de outros grandes festivais da atualidade) e teve muitos problemas devido à falta de infraestrutura. Quem esteve em Woodstock encarou chuva, alagamento, falta de banheiro e de água, falta de comida e de espaço para descanso, além do trânsito caótico que provocou na cidade e nos arredores.

Quem esteve recentemente em outros grandes festivais, estes, sim, com maiores investimentos e mais infraestrutura, no entanto, também fez reclamações parecidas.

Qual seria, então, uma alternativa para que o público pudesse aproveitar a experiência de estar em um grande festival, curtir os shows de seus artistas favoritos, mas sem passar frio, tomar chuva, ficar com fome ou estragar suas roupas e calçados — cuidadosamente escolhidos para aquele evento — se atolando na lama?

Poder aproveitar tudo isso sem sair de casa.

A Epic Games está promovendo a Série Onda Sonora, com uma sequência de shows de artistas do mundo todo, como o rapper egípcio Mohamed Hamaki, a DJ australiana Tones and I, o rapper brasileiro Emicida, o artista pop japonês Gen Hoshino e a cantora franco-malinesa Aya Nakamura.

Essa grande experiência imersiva, o metaverso do *Fortnite*, conta com apresentações que duram até 72 horas — faça chuva, faça sol — e, além dos shows, inclui uma interação com o artista, que fala sobre a própria vida, carreira e trajetória. Quando a experiência termina, o participante recebe alguns "presentes" para utilizar no *Fortnite*, e outros "souvenires" do evento podem ser comprados na plataforma. Até a data dos shows, os artistas e a plataforma seguem interagindo com o público e fazendo buzz nas redes sociais.

Trata-se de uma experiência multicultural completa e acessível, capaz de abrigar milhões de espectadores simultâneos, sem a necessidade de que se invista em banheiros químicos, em amplas áreas para alimentação ou que se disponibilize uma equipe de atendimento em saúde para casos de urgência — apenas um disclaimer prévio sobre o risco de desconforto ou convulsão para pessoas com fotossensibilidade, a fim de evitar incidentes como os ocorridos nas salas de cinema durante a exibição de *Avatar*.

Justin Bieber (na plataforma Wave, da qual ele é sócio), David Guetta (no Roblox), Foo Fighters (na Meta) são alguns exemplos de shows que aconteceram no metaverso, chegando a atingir mais de 1 milhão de espectadores.

Para se ter uma ideia das proporções de audiência, este é o público médio dos maiores festivais do mundo físico ao redor do mundo:

- COACHELLA FEST (ESTADOS UNIDOS): mais de 200 mil pessoas anualmente.
- GLASTONBURY (INGLATERRA): reúne em média 540 mil pessoas.
- ROCK IN RIO (BRASIL): tem um público médio de 700 mil pessoas.
- SUMMERFEST (ESTADOS UNIDOS): evento que já entrou para o livro dos recordes como o "o maior festival do mundo", costuma atrair entre 800 mil a 900 mil pessoas por ano.

A adesão massiva aos grandes eventos no metaverso tem relação com a tendência criada pela pandemia da Covid-19, que nos manteve em casa, distantes, por tempo demais e provocou uma ânsia pelo retorno ao convívio com as pessoas, atrelada, no entanto, ao medo do contágio.

No início da pandemia, houve um *boom* de lives, feitas por artistas do mundo todo. O intuito era se manterem próximos do público e proporcionar alguma diversão para o pessoal que estava em casa, com poucas opções de entretenimento, e a adesão foi massiva.

A maior audiência de uma live registrada no Brasil foi de 3,31 milhões de pessoas assistindo, simultaneamente, à cantora Marília Mendonça. O sucesso das transmissões foi tamanho que, logo, as marcas identificaram esse potencial, e os artistas passaram a fazer lives patrocinadas.

E qual é a razão de o público preferir assistir a uma live, em vez de assistir a um vídeo ou show disponível no YouTube, muitas vezes até com qualidade de imagem superior à da transmissão ao vivo? A resposta é a sincronicidade.

Assistir a um show gravado pode suprir a necessidade momentânea de entretenimento, mas não supre uma necessidade humana básica que nós, seres sociais, temos: a de pertencimento.

Durante uma live, ainda que separados por uma tela e por quilômetros de distância, o artista, naquele exato momento, fala com o espectador que está ali, às vezes até podendo interagir via chat com o artista e com os demais espectadores. Isso gera o sentimento de que, durante aquelas horas, todos estão juntos, unidos em um propósito.

Quem não assistir durante a transmissão talvez não tenha mais a oportunidade de ver o show ou terá que assistir à gravação — e não ser parte integrante daquele evento. Ver a gravação do evento é quase o equivalente a rir da piada horas depois de ela ter sido contada ou a receber spoiler do principal plot twist do filme e depois vê-lo sem nenhum clímax.

Ao contrário do que se pode imaginar, uma tendência não se impõe porque determinados fatos acontecem. São os fatos que vão ao encontro das tendências.

O fato de Mark Zuckerberg decidir investir pesadamente no metaverso não fez com que o metaverso se tornasse uma tendência — não se trata de um bilionário fazendo uma aposta arriscada e dando um tiro no escuro. A tendência ao metaverso, que vinha se consolidando e se impôs ao longo do tempo (como pôde ser visto na Breve Linha do Tempo com os Marcos do Metaverso, anteriormente, neste livro), é que gerou o fato de um gigante do Vale do Silício decidir investir nele.

Esse avanço progressivo exponencial da tecnologia convergiu, portanto, com a tendência de as pessoas buscarem opções mais seguras, acessíveis e confortáveis para usufruírem do que, antes, lhes exigia muito mais recursos. Tudo isso se desdobra em fatos práticos, que beneficiam toda a sociedade, das organizações ao público geral.

O metaverso é uma sequência natural, em termos sociológicos, do que as redes sociais representam. A rede social foi uma espécie de treinamento da população para o metaverso, uma vez que elas já levaram as pessoas a experimentar e entender o convívio no mundo digital. Além disso, os usuários costumam gostar de se expor nas redes sociais, mas para exibir uma visão aprimorada de si mesmos; outros, no entanto, apenas gostam de interagir; e há aqueles que fazem questão de registrar suas opiniões.

De certa maneira, o metaverso sofreu um processo de aculturação preliminar pelas redes sociais. Se ele chegasse sem a consolidação dessas redes, o impacto seria muito maior e surpreendente, mas a dificuldade de introdução também o seria. O treinamento de *confiabilidade* para o uso de plataformas imersivas já foi feito. Afinal de contas, na rede social, já estávamos habituados a nos comunicarmos a distância, a contar o que estamos fazendo e a buscar interação com pessoas que não conhecemos pessoalmente.

Os e-commerces também são precursores na jornada digital. A experiência com eles gerou familiaridade com as compras virtuais, inclusive, por vezes, sob a tutela do nome de marcas consolidadas no varejo e de lojas físicas, que proporcionaram confiança aos compradores.

Se há poucos anos nós nos sentíamos seguros para entregar o cartão de crédito físico para efetuar pagamentos em estabelecimentos comerciais de procedência duvidosa, mas não confiávamos na criptografia para cadastrar esse mesmo cartão em um site, hoje o sentimento é o inverso. E, ao mesmo tempo em que essa jornada, inclusive, fez com que os bancos repensassem os modelos de oferta de cartão de crédito, criando serviços como os cartões virtuais, os clientes estão se empoderando para fazer compras usando criptomoedas.

O metaverso é um espaço síncrono e permanente, sem limites de usuários simultâneos, sem necessidade de uma complexa infraestrutura física, com uma economia própria e efervescente, baseada na segurança do blockchain.

É importante frisar que metaverso e realidade virtual (*virtual reality* — VR) não são sinônimos. O primeiro é um ecossistema, composto de vários mundos pelos quais vamos transitar, nos quais iremos conhecer pessoas, fazer compras, trabalhar e assim por diante. A VR é uma das formas de acessar e interagir com esse ecossistema, ou seja, é a tecnologia por meio da qual entramos no metaverso.

Pense no metaverso como uma cidade do mundo físico: Brasília, por exemplo, foi criada em 1960 e se desenvolveu no decorrer das décadas seguintes, até se tornar o espaço complexo e com relativa autonomia que é hoje. O conteúdo e as experiências contidos no metaverso, por sua vez, são criados por uma vasta gama de colaboradores oriundos das mais diferentes áreas, o que gera um ecossistema vivo e que se retroalimenta. Trata-se de um modelo generativo, no qual todos os que habitam esse ecossistema acabam por criar novos espaços e novas possibilidades de experiências dentro dele, expandindo-o e tornando-o ainda mais completo e complexo. E ele, então, assume vida própria.

Por isso, grandes corporações estão tão interessadas em guiar o caminho na direção do metaverso, e o resultado da migração está sendo bastante rápido para as marcas. Além das organizações da área do entretenimento, mais óbvias para estarem fazendo essa migração, empresas de todos os segmentos estão se posicionando no tabuleiro do metaverso, na tentativa de não perder a oportunidade do pioneirismo nessa tendência.

Eventos esportivos são outro exemplo do que tem sido promovido. A cerveja Stella Artois patrocinou corridas de cavalo e leilões de skins e de cavalos, e artes da cerveja em NFTs estão disponíveis no mercado digital OpenSea, por meio da plataforma Zed Run. Marcas como MasterCard, Ikea e Qualcomm, por sua vez, estão fazendo inúmeras promoções no metaverso.

A Nike já embarcou no metaverso com a criação dos criptosnickers, ou tênis digitais, disponíveis para venda, de modo que os avatares possam usá-los. A Adidas criou uma coleção completa de roupas para isso. Marcas de automóveis, como Mercedes, Tesla e Royce também são presenças marcantes.

Gucci e Dior fizeram desfiles de moda no metaverso, lançando as próprias coleções para os avatares. A Balenciaga lançou sua coleção em parceria com o *Fortnite*. Polo Ralph Lauren e North Face, além de comporem os looks dos artistas nos palcos físicos, também lançaram suas peças no metaverso.

Essa tendência também tem reverberado nos produtos de consumo cotidiano, como a Coca-Cola, que recentemente vendeu uma geladeira vintage da marca por US$ 10.000 para quem quisesse colocá-la na sua casa no metaverso.

Uma bolsa virtual da Gucci foi vendida por US$ 4.115, para que o avatar de alguém vá a uma festa com ela. Uma moça lançou uma coleção de tênis "irados", segundo as palavras dela, e vendeu 600 pares em 7 minutos, arrecadando um total de US$ 3,1 milhões. Todos esses objetos de luxo não utilizaram nem um grama de couro, não exigiram nenhuma matéria-prima física e não têm nenhum vestígio material, gerando lucros abismais.

A Aglet, outra empresa de tênis considerada *cool*, passou a lançar seus tênis no metaverso, e os modelos mais bem-sucedidos são lançados também no meio físico. Para a Aglet, o metaverso se tornou um grande laboratório de pesquisas.

COMO ESTÁ O BRASIL DENTRO DO METAVERSO?

AS CRISES FINANCEIRAS DAS DUAS ÚLTIMAS DÉCADAS foram disruptivas para o mercado global. Apesar disso, o Brasil se manteve como um grande "fornecedor de unicórnios" para o mundo, ficando entre os dez países com mais startups avaliadas em mais de US$1 bilhão.

Essa capacidade inovadora se reflete em uma potência, também, direcionada à expansão do metaverso. E algumas empresas, atualmente, se destacam nesse âmbito.

- A Lumx Studios, que auxilia marcas que desejem entrar no metaverso, também fez parcerias com artistas nacionais para lançar sua coleção de NFTs.

- A Housi, pioneira no Brasil em atuar com moradias por assinatura, construiu o próprio prédio no metaverso, no Decentraland, para reproduzir nele as experiências que já deram certo no mundo físico.

- A MedRoom cria seu próprio universo virtual com objetivos pedagógicos, para o ensino prático da Medicina.

- A Biobots recebeu um aporte de R$ 20 milhões para se tornar uma agência de publicidade dos avatares. O primeiro lançamento foi a Satiko — o avatar da Sabrina Sato, que hoje já conta com mais de 30 mil seguidores no Instagram e faz parcerias com diferentes marcas no metaverso.

- A Wiboo, uma plataforma de engajamento online, lançou a primeira criptomoeda brasileira que incorpora o conceito de utility token — a WibX —, com valor de troca e transação, e que já é transacionada regularmente em múltiplas exchanges.

- A fintech Vitreo lançou, em dezembro de 2021, o primeiro fundo especializado em investimentos do metaverso no Brasil.

- A Beupse, que desenvolve tecnologias imersivas e software para personalizações de imóveis, tem ambições ainda maiores e pretende criar um ambiente autônomo completo no metaverso.

- A Escola do Metaverso, uma iniciativa educativa da Upper voltada para essa nova interface de atuação, oferecendo vários tipos de cursos que vão do introdutório à múltiplas especialidades como Metaverso Jurídico e Arquitetura no Metaverso.

Atualmente, elas estão operando no regime de abundância infinita, porém, os preços dos produtos vão cair drasticamente. Diferentemente do que houve com a bolha das pontocom, gerada pela hipervalorização artificial das ações de empresas de tecnologia nos Estados Unidos, devido à especulação, a lógica de mercado no metaverso é a mesma da teoria clássica, do mundo físico, apesar da novidade disruptiva: o que determina o preço é a quantidade de um produto no mercado.

Segundo Adam Smith, o preço de um produto é regulado de acordo com a proporção entre a quantidade disponível dele no mercado e a demanda dos que estão dispostos a pagar por ele; é a lei da oferta e da procura. Em resumo, com a popularização do metaverso e a entrada de novos players operando nesse mercado, os preços dos produtos — sejam eles skins para os avatares, ingressos para eventos ou imóveis e terrenos em uma cidade — tendem a cair.

Então, caso deseje ter um tênis da Nike que custa US$ 150 no metaverso, daqui a cinco anos esse mesmo tênis poderá custar US$ 2 e, portanto, vai ser acessível adquiri-lo (ainda que ele siga custando R$ 1.200 no mundo físico, essa nova alternativa lhe permite experimentá-lo de alguma forma).

Por isso, é preciso ficar claro que os números vultosos que vemos hoje estão mais ligados ao poder de investimentos e à disposição em gastar dos *early adopters*, sem que haja uma razão intrínseca para que os metaprodutos custem tão caro.

A única restrição ou impedimento à queda vertiginosa de preços dos produtos incorpóreos no metaverso será a política de branding de algumas empresas, que evitam popularizar suas marcas e produtos por uma questão de posicionamento. E isso é algo que merece, de fato, uma avaliação criteriosa.

> "No metaverso, você vai entrar em uma loja Disney e comprar uma t-shirt para seu Avatar, depois vai à Nike comprar um tênis e para ser entregue no mundo físico".
>
> GRANT PATERSON,
> *head of gaming — Wunderman*

REPETIÇÃO DE FENÔMENOS: MÚLTIPLOS CANAIS E O *METACHANNEL*

A POSSIBILIDADE DE COMPRAR ITENS PARA O AVATAR no metaverso é, claro, bastante interessante e divertida. No entanto, tudo fica ainda mais interessante quando a experiência do mundo físico se funde com a experiência digital, e o nosso eu corpóreo e nosso gêmeo digital convivem em dualidade inclusiva.

O omnichannel é uma tecnologia usada pelo varejo tendo em vista a integração dos canais de comunicação e de venda usados pela empresa, como lojas físicas, sites, apps etc. O objetivo da estratégia multicanais é justamente proporcionar ao consumidor uma experiência integrada, de modo que ele não veja diferença entre o atendimento online e o offline.

No metaverso, a experiência *metachannel* passa a ser ainda mais completa, afinal ultrapassa a barreira das telas e proporciona uma relação sensorial e imersiva.

Pense no e-commerce do varejo tradicional. Hoje, você acessa o site do Walmart, por exemplo, visualiza uma lista de produtos, seleciona aqueles que deseja e os recebe em casa. Em uma experiência *metachannel*, você entra, efetivamente, em uma unidade do supermercado, caminha por entre as prateleiras, toca nos produtos, visualiza rótulos e recebe as informações nutricionais, caso queira analisá-las e, então, passa a encher o carrinho. Caso selecione um molho de tomate e uma massa, a assistente virtual pode lhe recomendar um vinho que harmonize perfeitamente com a receita que potencialmente será feita, e a adega estará a seu alcance. Finalizada a compra no metaverso, o valor dos produtos é faturado na sua *digital wallet*. Logo após, tudo isso será entregue na sua casa.

Da mesma forma, o inverso também será possível. Um dia, sairemos para almoçar no shopping em nosso bairro e, ao passar pelas lojas, compraremos roupas, calçados e acessórios para usarmos no metaverso. Ou seja, esses mundos serão intercambiáveis.

Reduzir o atrito, portanto, favorece a *customer experience* (CX), ou experiência do cliente, isto é, o conjunto de percepções desenvolvidas pelo cliente ao longo da sua jornada de relacionamento com a empresa, do primeiro contato ao pós-venda.

A jornada do cliente no metaverso pouco diverge daquela vivenciada no mundo físico e nas vendas online consolidadas. O modo como as necessidades desse cliente são atendidas, e os problemas, resolvidos, é o que orienta as marcas em sua estratégia, seja no âmbito do consumo de itens ou de experiências.

O CX precisa ser mensurado, de modo que as relações entre marcas e consumidores sejam consolidadas. Afinal, no século XXI, as pessoas se identificam com as marcas e criam relações profundas com elas quando notam que seus valores convergem. Nesse sentido, a presença virtual da empresa no metaverso tem que ser coerente com o propósito corporativo.

O consumidor, por sua vez, satisfaz as próprias necessidades de consumo de maneira completa, quando e onde desejar, da maneira mais confortável para ele, não havendo restrições relativas a deslocamento.

No modelo de mundo físico atual, quando alguém quer comprar uma geladeira, ele pesquisa na internet buscando diferentes modelos e opções de preço, lê as avaliações de outros compradores na área específica do e-commerce ou pede recomendações para os amigos. Eventualmente, ele vai a uma loja física apenas para ver como é, de fato, aquela geladeira que escolheu, de que material é feita, se o acabamento é bonito e assim por diante. Por fim, efetua a compra na loja física, com um vendedor, ou volta para casa e finaliza a compra no ambiente digital.

Caso esse indivíduo pule alguma das etapas descritas, ele pode acabar comprando uma geladeira a qual ele vai detestar e ter que ficar com um objeto enorme em casa, aguardando o processo de troca. Nessa jornada, gastou-se tempo, energia, combustível para os deslocamentos, o que onera a empresa e o consumidor, ainda que o omnichannel não tenha falhado em suas interfaces.

Outro dado relevante é que, segundo o IBGE, o Brasil tem 17,3 milhões de pessoas com mobilidade reduzida. Para elas, a tecnologia *metachannel* viabiliza uma experiência de trânsito e de consumo confortável, autônoma e segura. Essa convergência, por um lado, lhes proporciona vivências assistidas e, por outro, permitirá às empresas ampliarem as ofertas de produtos e de assistência virtual, com sugestões de compra personalizadas e mais persuasivas, tendo em vista que a necessidade de infraestrutura física será menor.

Se a proposta do omnichannel é colocar o consumidor como o "centro do universo" na relação criada entre ele e uma empresa, o *metachannel* segue uma direção muito mais alinhada com a Era atual, proporcionando experiências e atendimento altamente individuais e personalizáveis. Se o omnichannel se baseia em dados, o *metachannel* se baseia na autonomia, devolvendo a posição de protagonismo ao consumidor, bem como a sensação de liberdade.

No livro *O Fim da Idade Média e o Início da Idade Mídia*, de Walter Longo um dos questionamentos centrais recaem sobre a premissa errônea assumida pela academia, e que reverbera, portanto, nos âmbitos políticos, no marketing e na publicidade, de que existe uma "média" capaz de servir como parâmetro da população. Nesse sentido, as tomadas de decisão têm como base uma população tão genérica que é quase inexistente em termos representativos.

Considerando os paradigmas que vão se impor com a popularização do metaverso e da iminência das práticas *metachannel*, tanto o varejo quanto a indústria da comunicação terão que se reprogramar. E isso pressupõe um incremento, também, no Gerenciamento da Cadeia de Suprimentos (SCM).

Dentre todos os grandes players que estão na disputa de território para assumir a liderança de suas áreas no metaverso, sem dúvida os produtores de games estão na frente. Para nós, se pudéssemos apostar em quem ganha essa corrida, apostaríamos na indústria de games, com larga vantagem.

Se analisarmos *Sea of Thieves, Animal Crossing* e o próprio *Fortnite*, todos já são pontos de encontro e de socialização, portanto já cumprem o papel relacionado a uma das principais promessas do metaverso. Além disso, também vendem skins, roupas e armas, em um shopping no qual o jogador pode vestir seu avatar, equipar-se e mobiliar suas casas.

Em suma, se tem empresas que já entenderam o conceito de dualidade inclusiva, são os games. E, aos poucos, plataformas de games como *Fortnite* e *Roblox* estão fundindo jogos (seus negócios propriamente ditos), com a produção de grandes eventos, redes sociais próprias, lançamento de filmes, tudo dentro das próprias plataformas. Em 2019, quando ninguém ainda falava de metaverso, o *Fortnite* fez o lançamento mundial de *Star Wars: The Rise of Skywalker*. Assim, a linha que separava os games do restante da indústria de entretenimento fica cada vez mais tênue.

Não à toa, a Netflix apontou no seu relatório anual já em 2019 que sua principal concorrência futura não seria a HBO, a Disney ou o Prime Video, e sim o Fortnite, que, à época, contava com mais de 200 milhões de usuários. No primeiro trimestre de 2022, a plataforma de jogos ultrapassou a marca de 500 milhões de contas registradas; já a pioneira do streaming perdeu cerca de 200 mil assinantes.

Por outro lado, o mercado dos games movimentou US$ 175,8 bilhões em 2021, segundo a consultoria Newzoo, com previsão de chegar a US$ 200 bilhões em 2023. E, de acordo com o GlobalData, esse mercado chegará a alcançar US$ 300 bilhões em 2025, ou seja, a previsão é de um enorme crescimento.

Em suma, todas essas razões levam a crer que o mercado dos games lidera a corrida em direção ao metaverso, com um público já preparado para vivenciar essa disrupção.

Além da implementação no âmbito do varejo e da indústria dos games, a experiência *metachannel* pode ser expandida e atingir áreas ainda mais pessoais. Até mesmo o Tinder achou interessante as pessoas se encontrarem no metaverso e está criando um sistema para viabilizar esses encontros. Dessa forma, em vez de dar *match* com alguém, passar dias conversando e, então, preocupar-se com o melhor local para marcar o primeiro encontro, as pessoas poderão fazê-lo em um ambiente seguro, estruturado e com diversas opções de lazer e entretenimento — sem necessariamente ir até um bar.

Para quem usa os aplicativos de relacionamento com a sensação de estar com o pescoço sob uma guilhotina armada, exposto a possíveis mentiras e ao tradicional golpe de catfish, conhecer alguém, primeiramente, por intermédio do seu gêmeo virtual no metaverso é uma perspectiva muito promissora.

O catfish, além de usar fotografias falsas e de se passar por outra pessoa, costuma extorquir a vítima, que não tem nenhum dado verdadeiro do criminoso para denunciá-lo. Outro golpe comum nesses apps é o uso de chatbots, programados para seduzir o usuário e obter seus dados pessoais, por meio de *phishing*.

Estatísticas obtidas pela Federal Trade Commission (FTC), nos Estados Unidos, apontam um aumento de 50% nos índices de golpes dados por meio de aplicativos de namoro entre 2020 e 2021, resultando em um prejuízo total de US$ 304 milhões.

Além do estelionato, em casos mais extremos, o primeiro encontro pode ser marcado por agressões físicas e roubo. Para as mulheres, principalmente, esse é um medo real e constante. Para as companhias, este é um desafio a ser enfrentado, com recursos de segurança, mas, também, com inovação e com vistas para o futuro.

Durante a conferência Reuters Next, em 2021, Renate Nyborg, a CEO do Tinder, afirmou que a companhia busca dissipar a fronteira entre o online e o offline, promovendo novas ferramentas, recursos e eventos dentro do que, futuramente, será o Tinderverso — mais um espaço habitável no grande ecossistema do metaverso.

O Tinder já havia lançado o recurso Explore e, em novembro daquele ano, promoveu o evento interativo Swipe Nights, no qual os usuários puderam vivenciar diferentes experiências e conhecer pessoas com interesses em comum.

Os benefícios para o usuário são claros. Para a empresa, o Tinderverso será monetizado como já acontece com o aplicativo, que oferece uma versão premium, com mais recursos para os assinantes. Os usuários também poderão consumir itens pessoais, usando uma criptomoeda própria da plataforma, para o seu gêmeo digital que habitará o Tinderverso. Há a promessa, ainda, de recompensas por "bons comportamentos", que promovam um ambiente mais saudável e seguro no metaverso.

Essa dissolução do espaço liminal viabiliza os encontros *metachannel*, que podem usufruir das ferramentas do metaverso e, somente quando os usuários se sentirem à vontade, fazê-lo no mundo físico, sem prejuízos para a relação. As possibilidades de relacionamentos — românticos ou não — se expandem e ganham novas perspectivas, para pessoas e para os negócios. É uma relação *win-win*.

Em paralelo, outras inovações, que ainda estão em estágio inicial, finalmente vão dar o toque derradeiro para todos se sentirem no metaverso como se sentem no plano físico: o desenvolvimento do *digital smell* — ou seja, a possibilidade de sentir cheiros através das transmissões digitais, dentro do metaverso, por meio de *wearables*.

Dior e Paco Rabanne já estão estudando esses dispositivos, e existem projetos de óculos que incluem essa possibilidade sensorial. Assim, poderemos não apenas visitar uma loja de perfumes num shopping do metaverso, mas experimentá-los. Além disso, ao apreciarmos a exuberância das dezenas de quedas d'água que despencam das montanhas ao redor de Lauterbrunnen, na Suíça, sentiremos, também, o cheiro dos pinheiros que cercam o local.

No Singularity Hub, o pesquisador de nanoengenharia Ravinder Dahiya anunciou que ele e sua equipe na Universidade de Glasgow estão criando hologramas que terão uma sensação física de toque. Em breve, será possível tocá-los, cumprimentá-los e interagir com eles de diferentes formas.

Segundo Dahiya, visando a uma experiência mais natural, a interação com os hologramas deverá dispensar o uso de luvas ou de outros objetos intermediários. Até mesmo o calor e a intensidade do toque serão reproduzidos e poderão ser sentidos. Dos cinco sentidos, apenas o paladar ainda não foi replicado no metaverso.

Essa tendência chega, também, à intimidade com a evolução do chamado cybersex. A pandemia recente estimulou ainda mais a busca por sexo virtual. O isolamento, a ansiedade e o medo de se contaminar com a Covid-19 fizeram com que os encontros mediados pelos aplicativos de namoro ocorressem a distância, com interações eróticas virtuais. Em paralelo a isso, os períodos de pico da pandemia e do isolamento social coincidem com o aumento expressivo do consumo de pornografia.

Vestes hápticas, equipadas com sensores e dispositivos táteis, já completam as experiências e permitem fazer sexo a distância, com toda a segurança e sem prejuízos sensoriais. O mercado conta, ainda, com startups de tecnologia para produtos voltados a experiências com foco no prazer sexual — as *sextechs*.

Essa gama de opções vai nos permitir ver, ouvir, tocar e sentir o cheiro da pessoa com quem você estava flertando no aplicativo. Tudo isso, em um primeiro encontro seguro, marcado pelo Tinder, dentro do metaverso. E cá entre nós, quando até o sexo se lança no metaverso, é porque todo o resto já foi para lá.

Surgem, certamente, discussões sobre os aspectos éticos e morais dessas práticas. Os mais afeitos à cultura pop possivelmente se lembrarão do episódio "Striking Vipers", da série *Black Mirror*. Nele, uma dupla de amigos interage em um jogo, que dá nome ao episódio, usando *wearables devices* sensoriais para imergirem no metaverso. Em determinado momento, os avatares dos personagens têm relações sexuais entre si, o que levanta uma reflexão profunda sobre sexualidade, relacionamentos e o impacto das experiências metavérsicas no mundo físico, quando as barreiras entre um e outro se dissolvem.

TUDO O QUE APRENDEMOS NESTE UNIVERSO SERVE PARA O METAVERSO. E VICE-VERSA

O PERFIL DO PÚBLICO INTERNO DAS EMPRESAS NO SÉculo XXI é bastante diferente do que era no século XX. Os *millennials*, como contraponto à geração que os antecedeu, cresceram juntamente com a tecnologia e foram influenciados por ela, tornando-se mais autônomos e protagonistas.

A Geração Z, por sua vez, nativa digital, cujas relações são intrinsecamente permeadas pelas sociais, é mais imediatista e costuma expôr suas opiniões com ainda mais vigor que os *millennials*.

No entanto, o público com o qual as marcas precisam dialogar atualmente não é mais fragmentado em gerações marcadas por datas específicas de nascimento, e sim por um público múltiplo e dialógico: os *perennials*. E é exatamente esse público que representa os primeiros habitantes e frequentadores do metaverso.

Empresas sólidas e conhecidas pelo conservadorismo nos negócios com frequência buscam formas de atualizar seus paradigmas. Afinal, os *perennials*, que se relacionam, entre si e com os demais, com base na identidade, e não na idade, mudaram as perspectivas nas análises de comportamento de consumo. E são os *perennials* que hoje, segundo pesquisas recentes, já representam uma grande parcela das classes mais favorecidas da sociedade brasileira, o novo público-alvo das marcas mais antenadas com o que vem por aí.

Nessa pesquisa de profundidade realizada pela MindMiners, os *perennials* já são 17% da população brasileira, correspondem ao dobro disso em potencial de consumo e o triplo na capacidade de influenciar os demais. Ou seja, um terço do consumo brasileiro já está na mão dos *perennials*, e crescendo aceleradamente.

Mas, afinal, o que são os *perennials*? São pessoas de qualquer idade, que vivem o presente, adotam tecnologia precocemente e têm amigos de múltiplas faixas etárias. Por exemplo, *perennials* são 85% mais interessados em tecnologia, 33% mais em games e 42% mais em livros que a média da população.

A definição dos *perennials* leva em conta características mais psicográficas que demográficas. É a cronologia cedendo espaço para a identidade social. Seu foco é mais endógeno que exógeno, com grande uso da internet para compras e busca de informação relevante. E isso se revela de maneira acentuada nos hábitos de lazer e diversão noturna, incluindo os games com muita ênfase.

Segundo Lilian Rodrigues, especialista em cultura geek, "vivenciamos atualmente uma perda de fronteiras entre gerações, uma distinção líquida entre etapas que estavam muito mais marcadas no passado".

A amizade e as relações entre os *perennials* são forjadas nos interesses comuns, mais que na faixa etária, proximidade física ou grau de parentesco. Por isso dizemos que eles não se relacionam por idade, e sim por identidade — o que vai muito ao encontro das características inclusivas e abertas do metaverso.

Empresas como Amazon e Netflix segmentam hoje seus produtos por comportamentos e estilos de vida, e não mais por critérios de idade. A maneira de perceber a realidade determina a forma como uma empresa pode se diferenciar da concorrência.

Quando se fala em marketing, os *perennials* estão juntos por causas, propósitos e visões, mais que na frente das televisões. Querem ser protagonistas, mais que espectadores. Por isso, são mais comunitários e participam ativamente de causas sociais.

Os *perennials* foram influenciados pela nova ótica dos *millennials*, mas não se identificam com a preguiça, isolamento e egocentrismo dessa geração. Podem pertencer cronologicamente aos *Baby Boomers*, Geração X, Y ou Z, mas, independentemente disso, se sentem próximos, são inclusivos, gregários e participativos com outras tribos. Em resumo, um prato cheio para o metaverso.

Mirando nisso, os bancos — um setor muito conservador nos negócios —, além de refinar os protocolos de segurança e privacidade, têm ofertado serviços digitais em consonância com as expectativas do público do século XXI. Nesse sentido, instituições financeiras convencionais como Deutsche Bank e JPMorgan têm mirado no metaverso, avistando oportunidades de negócios.

A Meta, obviamente, também tem um produto financeiro de *metabanking*, o Novi. Com o uso de *digital wallets*, será possível fazer transferências de criptomoedas, sem a cobrança de taxas, para qualquer lugar do mundo.

O primeiro banco tradicional a entrar no metaverso, o JPMorgan lista uma série que oportunidades para quem souber explorar o hype e, ainda, se consolidar nesse novo universo:

TRANSAÇÕES FINANCEIRAS

Anualmente, US$ 54 bilhões são gastos em bens digitais.

SOCIALIZAÇÃO

Aproximadamente 60 bilhões de mensagens são enviadas, diariamente, na plataforma do Roblox.

CRIAÇÃO DE CONTEÚDO

O "PIB" do Second Life foi de US$ 650 milhões em 2021, dos quais foram pagos em torno de US$ 80 milhões no total para os *creators* da plataforma.

INVESTIMENTO EM PROPRIEDADE

O mercado de NFTs chega a movimentar US$ 41 bilhões.

PARCERIAS E EXPERIÊNCIAS

A plataforma de games The Sandbox chegou a estabelecer 200 parcerias estratégicas de negócios, inclusive com a Warner Music Group — para músicas a serem utilizadas no metaverso. Isso se traduz em retorno financeiro para as companhias e em expansão de oportunidades experienciais para os usuários.

A JPMorgan Ventures denomina essa interface financeira e transacional de *Metanomics*, inaugurando um novo paradigma na economia a ser considerado.

A agricultura e a pecuária também já embarcaram no metaverso, explorando a estratégia *metachannnel* pela perspectiva dos negócios tradicionais que buscam a dissipação das fronteiras online e offline. No metaverso, as empresas podem escolher as melhores máquinas e equipamentos agrícolas, testá-los a fim de analisar a produtividade de cada um, em condições climáticas e geográficas diversas. Posteriormente, os funcionários podem ser treinados no metaverso para operar tais máquinas no mundo físico.

Esta é uma versão melhorada e expandida do que os Departamentos de Trânsito buscaram implementar com as autoescolas no Brasil na última década para a formação de condutores — iniciativa que acabou ficando para trás devido ao alto custo. No metaverso, o aspirante a motorista poderá treinar a direção no trânsito e familiarizar-se com o carro antes de dirigir nas ruas efetivamente. E o que custava caro, novamente, tende a se popularizar.

Portanto, vale reforçar: não é à toa que Mark Zuckerberg resolveu abraçar o metaverso. Após investir em múltiplas redes sociais e equipá-las com funcionalidades úteis para os usuários, tornando-as indispensáveis, não haveria outro caminho que ele tomasse a não ser este em direção ao futuro.

Muita gente teve seu primeiro contato com o tema "metaverso" por meio do Facebook, durante a mudança do nome da companhia para Meta, e pode ter tido a impressão de que o Facebook estava sendo pioneiro na empreitada. Ledo engano. Na verdade, como podemos notar, considerando os investimentos feitos em outras marcas, inclusive mais tradicionais, como as da indústria da moda, Zuckerberg está um pouco atrasado. Certamente, a Meta tem capital, competência, dados e dimensão corporativa para tirar o atraso, mas ela chega à corrida com vários competidores correndo na frente.

Uma vasta indústria está formada ao redor do metaverso. A Tencent, por exemplo, tem uma estrutura ampla, um verdadeiro ecossistema de negócios, completamente dedicada a ele. Posso citar como exemplo algumas ferramentas necessárias para manter a infraestrutura do metaverso, que orbitam ao redor dele e geram valor:

- Gateways
- Interfaces
- Empresas sociais
- Empresas de serviços financeiros
- Serviços de nuvem
- Serviços de conectividade
- Mercados de NFTs

A Apple, que costuma ser mais discreta em divulgar seus investimentos em inovação, já tem planos concretos em relação à nova tendência. Há muito tempo, é dito que a marca desenvolve óculos de mixed reality, visando reduzir o atrito e redefinir a experiência, com uma verdadeira dissolução de fronteiras.

De acordo com o CEO Tim Cook, no entanto, as pesquisas da marca convergem em hardware, em software e em serviços, com investimentos expressivos. Por enquanto, a empresa está atrás das outras Big Techs, mas, além de *devices*, ela promete conteúdos e aplicativos específicos para o metaverso, que não dependerão de dispositivos específicos para proporcionarem a experiência imersiva. Podemos esperar um *leapfrog* da Apple, como ela costuma fazer — adere à tendência depois das demais marcas, mas, em seguida, dá um salto e avança.

E qual é a razão de marcas já consolidadas em seus campos estarem assumindo o risco de adentrar no metaverso? A resposta é bastante evidente sob a ótica das relações de troca estabelecidas na sociedade. Quando pensamos em gente, em inclusividade, no direito à igualdade, é inescapável pensar sobre a outra face dessa moeda: o mercado.

Marcas estão cada vez mais precisando desenvolver um propósito, se engajar e estar onde as pessoas estão. Por esse motivo, o propósito corporativo vem evoluindo a passos largos, na tentativa de as empresas acompanharem o progresso da tecnologia. O metaverso, por sua vez, não é uma tecnologia, mas, sim, uma transformação no modo como nós *interagimos* com ela. A tecnologia, nesse sentido, é o *caminho* usado para que acessemos este novo mundo.

Enquanto o propósito de um indivíduo pode ser interpretado como a causa que o move em direção à realização, o propósito corporativo está relacionado à proposta de valor, isto é, à razão de existir daquela organização e à forma como ela deixa a própria marca no mundo. Em ambos os casos, tanto individual quanto corporativo, o propósito é uma força motriz, que se alicerça em princípios ou valores.

Os consumidores atualmente buscam marcas alinhadas com seus valores e que tenham responsabilidade social, e permanecem atentos aos impactos gerados por ela (e por todo o ecossistema que eventualmente a orbite).

Segundo a pesquisa In Brands WeTrust de 2019: 91% dos consumidores brasileiros afirmam ser essencial confiar que a marca tomará atitudes positivas em relação aos aspectos ESG (Environment, Social and Governance).

Em consonância com esse novo referencial econômico, social e tecnológico, o propósito corporativo sofreu alterações profundas nas últimas décadas. Há aproximadamente 20 anos, quando tinha uma nova ideia, a empresa se questionava: *"What business are we in?"*, isto é, "Qual é o nosso negócio?" ou "Será que esta proposta cabe dentro do que é o nosso negócio?". Havia uma verdadeira obsessão pelo foco.

Sob esse aspecto, uma empresa de seguro-saúde, por exemplo, se concentraria em fechar negócios apenas com clínicas médicas ou empresas farmacêuticas.

Mais recentemente, a pergunta *"What business are we in?"* ("Qual é o nosso negócio?") foi substituída por: *"What problems are solving?"* — ou "que problemas nós estamos resolvendo" para os nossos clientes? —, o que torna seu portfólio de negócios e oportunidades mais abrangente. Daqui para a frente, a empresa de seguro-saúde passaria a fazer parcerias, por exemplo, com academias de ginástica ou redes de spa, também relacionadas à promoção da saúde. Entraria na moda, então, falar sobre quais são as "dores" do cliente. Afinal, o problema a ser resolvido por essa companhia — promover saúde para seus clientes — perpassa por outras abordagens, menos óbvias e mais abrangentes. A importância estratégica do propósito, então, se torna mais explícita.

Mais recentemente, as empresas passaram a expandir conceitualmente o seu propósito ainda mais. Daqui para a frente, a questão não será mais qual é o nosso negócio nem quais problemas pretendemos resolver. O novo propósito corporativo, galgando o futuro, é *"What dreams are we fulfilling?"* — que sonhos, de cada um dos nossos clientes, nós estamos realizando? Com essa versão expandida, as empresas expandiram também sua presença no mercado, com ecossistemas próprios e marcas que o orbitam.

Esse é o caso da Mondelez, o enorme conglomerado que protagoniza o setor de alimentos no Brasil e no mundo, com marcas de chocolates, laticínios, biscoitos, bebidas, dentre outros. O propósito da organização é "Snacking Made Right" — sob a premissa de "empoderar nossos consumidores a consumirem snacks da maneira certa". Oferecemos o snack certo, no momento certo, produzido da maneira certa. Isso significa ter um portfólio amplo de snacks deliciosos e de alta qualidade, que nutrem os momentos da vida, feitos com ingredientes e embalagens sustentáveis com os quais os consumidores podem se sentir bem". Evidentemente, o metaverso gera uma atração irresistível para esse novo propósito corporativo.

"Queremos que o e-commerce cresça, mas não temos nenhuma pretensão de que ele compre apenas na loja da Lacta. Nosso objetivo é completar o ecossistema", é o que diz o, diretor de marketing da Mondelez Brasil, Alvaro Garcia, ao lançar a primeira loja da Lacta no metaverso, não apenas mirando em um novo público em potencial, como também em facilitar o acesso dos consumidores usuais aos produtos.

A prática de negócios orientados ao propósito dá rumo inclusive a fusões e aquisições e a parcerias estratégicas. O metaverso nada mais é do que a possibilidade máxima de realizar os sonhos dos clientes. E esse foi o estopim para as empresas adentrarem nele.

Por meio da gamificação e da experiência imersiva, esse é o objetivo do "Espaço Consul", iniciativa metavérsica da marca para que os clientes possam conhecer produtos, experimentar funcionalidades e, ainda, obter recompensas para compras futuras.

Notícias como "Adidas entra para o metaverso", "Cinco milhões de brasileiros se anteciparam ao Facebook e já estão no metaverso", "Tokens do metaverso valorizam até 460%" são apenas alguns indicativos de empresas tomando essa mesma direção. Atualmente, para as empresas, o metaverso é como os Caminhos de Santiago, de Santiago de Compostela, em que todos estão indo na mesma direção; às vezes mais rápido, às vezes devagar, mas todos fazendo o seu percurso, rumo à nova Terra Prometida, na corrida do ouro deste século.

DEZ OPORTUNIDADES DE NEGÓCIO NO METAVERSO

1 PUBLICIDADE E PRODUCT PLACEMENT: como no mundo físico, marcas e produtos poderão ser expostos no metaverso. E já há um arsenal de mídias disponíveis nesse ambiente.

2 EVENTOS E PATROCÍNIOS: além de promover grandes eventos, como shows, é possível realizar reuniões de negócios e convenções — inclusive, alugando espaços para isso. Ainda, a marca poderá patrocinar shows e ser exposta neles.

3 **COMERCIALIZAÇÃO DE PRODUTOS:** talvez a oportunidade mais óbvia, que já tem sido abraçada pelas marcas, é a venda de acessórios para avatares. No entanto, como já foi dito, a comercialização de produtos que poderão ser entregues no mundo físico é uma tendência no metaverso.

4 **TRABALHO REMOTO:** com o trânsito cada vez mais intenso nas grandes cidades e a tendência a se repensar deslocamentos desnecessários, o trabalho remoto é uma prática que tem sido amplamente adotada — e para qual a pandemia da Covid-19 preparou as empresas, forçosamente. No metaverso, o trabalho remoto deixa de ser à distância e retoma a organização coletiva, bem com o trabalho síncrono. Nesse sentido, o metaverso parece ser a resposta mais adequada para a eventual continuidade do trabalho remoto sem perda da cultura corporativa.

5 **ENTRETENIMENTO E GAMIFICAÇÃO:** além de oferecer opções de diversão e lazer para as horas vagas, no âmbito do entretenimento, a gamificação viabiliza a oferta de recompensas por determinados comportamentos, que servem como incentivo tanto para o consumo (no âmbito das vendas) como para a produtividade (no âmbito do trabalho).

6 SERVIÇOS DE CONSULTORIA: pessoas e empresas com *know-how* para o metaverso podem prestar consultorias dos mais variados tipos para marcas que desejem se inserir no metaverso. Esse potencial abrange agências de publicidade, empresas de arquitetura e decoração de interiores, serviços jurídicos e muito mais.

7 VENDA DE HARDWARE: além da venda de *wearable devices* para usufruir das experiências no metaverso, estar presente no mundo online, seja no metaverso ou não, demanda equipamentos que viabilizem velocidade de conexão e respostas mais rápidas. A venda de hardware mais potente ou especializado será intensificada, incluindo óculos de realidade virtual ou aumentada, vestes hápticas, joysticks etc.

8 TREINAMENTO E PRODUTIVIDADE: a indústria poderá treinar seus profissionais dentro do metaverso, a um custo mais baixo e com acesso a um arsenal mais amplo de equipamentos.

9 EDUCAÇÃO E CULTURA: cursos, palestras e *master classes* poderão ser ministrados no metaverso. Além disso, toda a experiência educativa e cultural pode ser ampliada, por meio da visita a museus, bibliotecas e acervos especializados.

10   PESQUISA E AVALIAÇÃO DE MERCADO: com a democratização do metaverso, pesquisas demográficas, de opinião e de intenção de votos poderão ser feitas no metaverso. Ainda, ele pode ser usado como um laboratório para as marcas que lançarem modelos em suas lojas metavérsicas e que analisem, posteriormente, a adesão a eles. Com isso, modelos poderão ser lançados ou não fisicamente.

BLOCKCHAIN E CRIPTOATIVOS

É PRATICAMENTE IMPOSSÍVEL FALAR SOBRE METAVERSO sem falar de blockchain e de criptoativos. Ainda que a intenção deste livro esteja longe de ser aprofundar-se em tecnojargões, é preciso trazer uma breve explicação do que significa tudo isso.

O blockchain é uma base de dados compartilhada, gerenciada por uma rede de computadores distribuídos ao redor do globo. As redes criam e mantêm os diferentes blockchains ao validar e transmitir entradas, impedindo entradas duplicadas ou fraudulentas. Uma vez que eles são descentralizados, não há uma autoridade controladora.

A evolução do blockchain abre novas perspectivas de uso. Atualmente, ele se encontra entre as fases 1.0 e 2.0, mas já existem iniciativas para pôr em prática gestão e governança usando esses contratos.

O blockchain do Bitcoin, por exemplo, é uma base de dados estruturada em:

- DISTRIBUIÇÃO: qualquer usuário no mundo pode acessar o blockchain de criptomoedas globais, para consultar transações efetuadas entre diferentes contas, de modo que há transparência nas operações e todos operam em condição de igualdade. Isso evita que operadores financeiros tenham informações privilegiadas e possam manipular o câmbio de modo a fazê-lo oscilar.

- CRIPTOGRAFIA: as transações gravadas no blockchain são verificadas com base em criptografia, para assegurar que quem estiver tentando fazer transações usando criptomoedas realmente as tenha para gastá-las. Em uma sociedade na qual certas análises são contaminadas por vieses, a tecnologia, neste caso, é neutra; o sistema é automatizado e opera com base matemática, sem análises mais subjetivas de perfil de crédito de usuário, para permitir as transações.

- IMUTABILIDADE: a combinação entre distribuição e criptografia geram este terceiro pilar, que é a imutabilidade da base de dados, ou seja, o blockchain das criptomoedas não pode ser adulterado. Novas informações podem ser adicionadas, mas os registros anteriores não serão modificados, o que resulta em um lastro rastreável.

As criptomoedas, por sua vez, são tokens digitais atrelados ao blockchain aos quais foi atribuído valor — como é o caso, também, das moedas fiduciárias, que só têm valor quando uma instituição (no caso das moedas fiduciárias, o Banco Central) ou um grupo de usuários (no caso das criptomoedas, a comunidade que a utiliza) aceita em consenso que aquela moeda tem valor transacional.

Uma vez que as transações feitas no metaverso são feitas com criptomoedas, a valorização delas pode estar atrelada à expectativa gerada pelo metaverso.

O amadurecimento do blockchain e das criptomoedas abriram caminho para chegarmos aos NFTs (*non-fungible tokens*, ou tokens não fungíveis). Apesar da grandiosidade do nome, o NFT nada mais é do que um certificado digital de propriedade, registrado em blockchain (e, portanto, inalterável).

Ao comprar um NFT, você está comprando o registro de uma propriedade digital. As eventuais reproduções deste item serão consideradas cópias, sem valor comercial. A título de comparação, pense nas diversas réplicas da *Mona Lisa*, de Leonardo Da Vinci, com as quais você tenha se deparado. Na icônica fotografia do casal se beijando na Times Square, em Nova York, celebrando o fim da Segunda Guerra Mundial, em 1945. Ou, então, no retrato de Marilyn Monroe feito por Andy Warhol. Todas estas são obras reproduzidas com frequência. No entanto, nenhuma das réplicas tem valor; já a obra original de Warhol foi vendida recentemente por R$ 1 bilhão.

O NFT transpõe essa lógica do mercado para obras digitais. Assim, torna-se possível vender produtos que não existem no mundo físico — seja uma música, uma fotografia, um quadro ou, até mesmo, um tuíte (sim, acreditem!). O detentor do NFT, posteriormente, pode "alugá-lo", para quem deseje usá-lo dentro do metaverso, e receber algum dinheiro por isso.

Dessa forma, o artista que trabalha no âmbito digital é devidamente pago pelo seu trabalho, e a propriedade da obra é registrada no blockchain, o que faz com o que o proprietário do NFT tenha certo direito sobre ele.

O artista Mike Winkelmann, conhecido como Beeple, leiloou uma obra sua por US$ 69 milhões, na renomada Christie's, de Londres. O que há de mais peculiar na venda é que o quadro não existe no mundo físico, apenas no digital. Em um primeiro momento, pode parecer loucura. Entretanto, quem comprou o quadro, provavelmente, está bastante satisfeito com a repercussão, que faz com o que o NFT se valorize ainda mais. Daqui para a frente, quem quiser usar uma réplica autorizada do quadro do Beeple, terá que pagar alguns dólares — convertidos em criptomoeda — ao dono do NFT. Em suma, a lógica se assemelha à compra de direitos de imagem na internet, prática bastante comum.

Ou seja, apesar do que se costuma alardear a respeito de NFTs, de que se trata de mera especulação, a obra é de fato exposta e usada no metaverso, tendo nele uma função prática tanto para o proprietário, que passa a receber pelo uso dela, quanto para quem paga utilizá-la, já que vai poder usufruir da obra expondo-a na sua casa metavérsica.

Em 2021, o código genético SARS-CoV-2, o vírus da Covid-19, foi transformado em música, por meio da técnica chamada DNA Sonification, criada pela empresa Viromusic, que afirma que cada nota da música está relacionada a elementos específicos do código viral. Após a recodificação por meio de software especializado, alguns instrumentos foram acrescentados à música. A intenção, segundo a empresa, era exprimir beleza por meio de algo que representa uma tragédia, transformando-o em arte. A obra, então, passou a ser vendida como NFT, a um preço que gira em torno de R$ 1.500.

Existe, portanto, um novo mercado se desenvolvendo de maneira acelerada. E o frisson gerado por essas obras faz com que mais pessoas desejem tê-las no metaverso.

Na casa em que seu avatar vai morar no Imvu, haverá quem deseje expor uma obra da famosa coleção Bored Ape, que tem, entre seus proprietários, Neymar, Madonna e Justin Bieber. A princípio, talvez nenhum deles esteja disponível para licenciar seus NFTs (mas possivelmente, em breve, farão parcerias com as plataformas para que isso aconteça). Contudo, outro proprietário de uma das obras da coleção aceitará dispor da imagem do macaco com expressão facial blasé, por um valor muito mais módico do que ele investiu, para que ela seja exposta no Imvu. Para quem vai pagar esse valor, será uma tremenda barganha, porque o NFT em si custa vários milhões de dólares. Já o proprietário do

NFT terá feito um ótimo negócio, pois, considerando o interesse das pessoas na obra e o desejo de tê-la exposta em suas casas no metaverso, logo o investimento inicial terá sido compensado.

Entenda que esta é uma nova dinâmica, permeada pela metaeconomia, contraintuitiva e baseada não na escassez, mas no direito a uma propriedade — que deixa de ser física e, muitas vezes, irrastreável, e passa a ser não fungível e com lastro digital.

TENDÊNCIAS QUE ACELERAM O METAVERSO

- **EXPERIÊNCIA EM REDES SOCIAIS:** o costume de simular comportamento já foi absorvido pela sociedade.

- **EVOLUÇÃO TECNOLÓGICA:** introdução do 5G, com redução sensível de latência e aperfeiçoamento dos avatares.

- **EFEITO PANDEMIA:** o receio de presença física ou íntima entre seus pares, e até mesmo a acomodação resultante do isolamento, incentiva atividades com distanciamento.

- **EXPANSÃO DAS CRIPTOMOEDAS:** o amadurecimento do mercado predispõe pessoas a investir mais no universo digital; diariamente, surgem milhares de novos usuários de criptomoedas, e há cada vez mais conteúdo disponível para informar sobre elas, o que instiga o público.

- **PRESSÃO SOCIAL POR INCLUSÃO:** a obsessão por uma sociedade cada vez mais inclusiva e diversa acelera o processo de criação desse ecossistema.

- **REDUÇÃO DA PEGADA DE CARBONO:** a busca por redução do consumo de matéria-prima, com produção abundante sem efeitos poluidores resulta em novos hábitos. Ainda que o consumo energético para a mineração de blockchain seja alto, a cadeia de suprimentos tradicional polui, desmata e usa uma quantidade ainda maior de recursos para suprir a demanda atual.

MUNDOS ENTRELAÇADOS

METAVERSO

CAPÍTULO 4

MUNDOS ENTRELAÇADOS

METAVERSO
METAVERSO
METAVERSO
METAVERSO
METAVERSO
METAVERSO
METAVERSO
METAVERSO
METAVERSO

CAPÍTULO 4

"A convergência de tecnologias vai criar uma excelente alternativa ao turismo físico, abrindo espaço para experiências mais inclusivas, acessíveis e imaginativas".

— PHILIPPE BROWN,
founder — Brown & Hudson

DEBRUÇADO SOBRE O TRABALHO DE ALBERT Einstein e sua Teoria Especial da Relatividade, em 1911 o físico francês Paul Langevin propôs um questionamento, a *priori*, insolúvel.

O conceito de dilatação do tempo significa que um objeto que se mova mais rápido que o observador será visto por este como se experimentasse o tempo mais devagar. Ou seja, quanto mais rápido o objeto se move, mais lentamente ele experimentará o tempo.

O PARADOXO DO GÊMEO QUE VIAJA PELO ESPAÇO

LANGEVIN QUESTIONOU, ENTÃO, O QUE ACONteceria no caso de dois gêmeos idênticos, em que um deles fosse mandado para o espaço, e o outro permanecesse na Terra. Considerando a velocidade necessária para a viagem, o gêmeo que ficasse na Terra notaria que o viajante se movia com muita velocidade; portanto, o viajante retornaria mais jovem, pois experimentaria o tempo de maneira diferente. No entanto, sob a perspectiva do viajante no espaço, o gêmeo na Terra é que estaria se movendo, e ele próprio estaria parado. Ele diria, então, que o gêmeo na Terra seria o mais novo.

Como esse paradoxo pode ser resolvido? A teoria propõe algumas soluções. A velocidade do viajante muda durante o retorno à Terra, enquanto o gêmeo que permaneceu no próprio planeta mantém uma velocidade constante; em tese, ele é quem estará mais novo no momento do reencontro. O viajante, ainda, é quem deixa o referencial da Terra, enquanto o gêmeo que permaneceu, não; isso significa que o viajante dita os eventos que ocorrerão.

As possibilidades de transitarmos ao longo do tempo e do espaço no universo em que habitamos, em uma dinâmica que gera mudanças para nós e aos que estão ao redor, portanto, são imensuráveis. E no metaverso, é claro, essas possibilidades serão muito maiores.

Ao longo dos séculos, a Física e a Filosofia buscam dar conta de fenômenos ocorridos em um universo que a tecnologia já lhes permite mapear, rastrear e analisar com boa acurácia. Ainda assim, certos eventos podem acarretar transformações que fogem da nossa capacidade analítica.

Um fator preponderante é que o metaverso não se restringe a um meio físico, material ou palpável, e seu crescimento é exponencial. No entanto, não é isso o que o torna tão abrangente, e sim o fato de que o metaverso é gerado por uma energia intangível e bastante renovável: a criatividade.

O digital, movido pela criatividade e pela pulsão inovadora que tomou a área da tecnologia nas últimas décadas, abriu as portas para este novo universo, até então impensável. Nele, poderemos corrigir problemas técnicos, mas também éticos e sociais do universo físico.

É possível pensarmos no metaverso, portanto, não apenas como um ecossistema de entretenimento e consumo, mas como um laboratório para práticas sociopolíticas. Aquilo que antes era limitado agora é ilimitado, e cabe a nós, humanos, criar e sonhar, além de apenas produzir e realizar.

Com a chegada da inteligência artificial e a robótica em larga escala, a função humana deixa de ser produzir com eficiência, e uma nova missão surge para nós e as próximas gerações: voltar a criar, sonhar e imaginar. Se em 1969, quando pisamos na Lua pela primeira vez, já existisse a inteligência artificial e a capacidade atual de processamento, teríamos chegado lá com mais rapidez, mais segurança e menor custo. Mas nenhuma IA teria sonhado ou imaginado ir à Lua. Isso é humano. E o metaverso pode ser o novo palco dessa transformação social ou o retorno da verdadeira missão humana na Terra.

O uso das mídias na educação implica novas formas de comunicar, pensar, aprender e produzir conhecimento. A educação para a mídia deve levantar questionamentos, analisar as narrativas, conectar ideias, levar o aluno a fazer relações e elaborações pessoais sobre a sua visão da realidade, contribuindo para estimular a criticidade. Desse modo, o professor é um mediador que estimula a curiosidade, direcionando a construção do conhecimento por meio da tecnologia, formando alunos críticos, questionadores, autônomos e solidários, em um aprendizado coletivo e humanizado.

A cibercultura, portanto, se faz presente também na educação por múltiplas linguagens, múltiplos canais de comunicação e em temporalidades distintas. A dissolução de fronteiras entre universo físico e metaverso vem para coroar esse intercâmbio de conhecimentos.

Por essas razões, das áreas revolucionadas pelo metaverso, sem dúvida a maior delas é a **educação**. Considerando que a metodologia posta em prática na maioria das escolas torna o ensino meramente voltado à tecnicidade, com pouco espaço para fruição, utilizar-se do metaverso para produção do conhecimento é um modo de instrumentalizá-lo e humanizá-lo.

Além de ser inclusivo, estudar no metaverso pode provocar no indivíduo um questionamento sobre si e sua capacidade de atuação no cenário em que está inserido, como protagonista da própria existência e na sociedade, a fim de construir esse novo ecossistema de maneira responsável e fazê-lo, da mesma forma, no mundo físico.

"E se você pudesse aprender qualquer coisa, simplesmente aproximando-se dela?". Esse é o questionamento feito no vídeo de divulgação da Meta. Nele, uma aluna está imersa no imenso sistema solar, o qual pode manipular para estudá-lo e fazer a tarefa de casa. Em seguida, alguém transita pela Roma Antiga, usando *wearable devices*. Então, médicos treinam para cirurgias. A experiência de estudar é completamente transformada pelo metaverso.

A relação entre sociedade e tecnologia é indissociável, e as áreas de conhecimento, bem como a comunicação, têm se aprimorado nesse sentido. A educação é desafiada a encontrar métodos de produzir e transmitir saberes de maneira dialógica com os movimentos gerados pela modernidade.

Além das iniciativas de práticas educativas que têm sido postas em prática, já existem escolas com temas específicos de metaverso. É uma oportunidade incrível de fazer com que a educação provoque o mesmo nível de interesse que as pessoas têm pela internet.

> NÃO EXISTE NENHUM ASPECTO DA SUA VIDA QUE NÃO TENHA SIDO TOCADO PELA TECNOLOGIA.

Em uma praça (do mundo físico), um idoso joga xadrez avidamente contra si mesmo — inclusive, ele troca de banco para poder personificar melhor cada jogador. A persona com mais vitalidade começa a vencer e a debochar do adversário, que busca forças para dar a volta por cima; contudo, lhe resta somente o rei.

Sentado no banco da persona que perdia o jogo, o idoso simula um infarto. Sua outra versão, então, inverte o tabuleiro, de modo que a persona debilitada vença. No entanto, a versão prepotente fica levemente desgostosa.

Apesar de esse enredo ser apresentado em um curta-metragem da Pixar, ao retratar a singularidade da solidão na velhice, ele nos apresenta um cenário evitável. Se esse idoso pudesse, da segurança da sua própria casa, estar em um ambiente com outras pessoas que pudessem desafiá-lo no xadrez ou simplesmente lhe fazer companhia, o enredo poderia ter outros desfechos.

No metaverso, a prática de **esportes** está encontrando um novo lar. Hoje você pode jogar xadrez, pingue-pongue, ou o que quer que seja, com alguém que não está nem mesmo no seu país, através de uma mesa exposta por meio do seu óculos de realidade aumentada. A representação digital do nosso físico se expande, sem perda da continuidade de tempo e espaço.

De vez em quando, vem à tona o papo de que o metaverso vai ser um lugar onde todo mundo vai ser sedentário; que, graças a ele, ninguém vai fazer nada e todos vão sofrer. Desde a popularização da televisão, como já comentamos, surgem os cavaleiros do apocalipse dizendo que a interação familiar chegaria ao fim, que todos ficariam parados somente assistindo. Quando o controle remoto chegou, dizia-se que todos ficariam preguiçosos, ainda mais sedentários, ganhariam peso e adoeceriam.

Então, foi assim com os computadores e com a popularização do streaming. Agora, com o metaverso.

Algumas pessoas podem ter se acomodado e ficado ainda mais preguiçosas em frente aos seus dispositivos eletrônicos? Sim. Mas o fato gerador desse comodismo não é o objetivo, e sim um conjunto de fatores que formam o contexto no qual aquele indivíduo está inserido.

Caso queira cuidar mais de si mesmo e se exercitar, o metaverso o ajudará com isso. No entanto, nada tem o poder de resolver a inação de um ser humano, exceto boa vontade e, se necessário, tratamento especializado.

Em qualquer um dos universos habitáveis, você tem que ser dono do seu destino. Se quiser emagrecer, uma gama de exercícios estará disponível. Lute boxe, pedale, dance, jogue tênis. O metaverso nada mais é do que uma extensão do mundo real. Em um momento você vai estar sentado apreciando um show e, em outro, estará praticando esportes.

Se você mora em um apartamento de 40 m² no meio da cidade e o seu desejo é praticar canoagem, provavelmente lhe dirão que é inviável. Contudo é, sim, viável treinar canoagem em casa — ou melhor, de casa, no metaverso —, com um instrutor capacitado e equipamentos que proporcionarão a experiência.

No que se refere ao setor de **habitação**, há uma crescente indústria imobiliária digital. Cidades estão surgindo para acomodar todos os negócios e as moradias no metaverso. Tem gente abrindo escritório e tem gente comprando casa.

O Metaverse Group criou o primeiro fundo imobiliário para o metaverso, o Metaverse Reit. Mas o Superworld, o Decentraland, o Nowhere, o MetaHut e o Republic Realm, por exemplo, já vendem seus terrenos e casas para quem deseje se estabelecer digitalmente. Ou seja, várias empresas incorporadoras de imóveis ou construtoras de grandes cidades estão surgindo. Outras oferecem financiamento imobiliário para as compras dos imóveis no metaverso.

Recentemente, e apenas como exercício de análise profissional do mercado, compramos um terreno no Upland e escolhemos adquirir um imóvel perto de Los Angeles. Como Los Angeles é uma região muito cara, nossa opção foi por Bakersfield, que fica a alguns quilômetros de lá. Para evitar o trânsito das grandes cidades, escolhemos o terreno numa rua sem saída. Construímos e mobiliamos a casa, que acabou de ser alugada por um avatar de alguém que nem conhecemos. Com isso, faturamos mensalmente pela locação mais do que se esse capital estivesse no banco rendendo juros.

Agora vamos pensar um pouco: buscamos um terreno numa cidade que não existe fisicamente. Lá construímos uma casa que não existe, mobiliamos com móveis que não existem e alugamos para alguém que também não existe. Mas rende dinheiro de verdade. Ou seja, se botarmos uma lona é um circo e se colocarmos um muro é um hospício. Parece loucura, mas é real. No fundo, isso tudo nos parece a análise aerodinâmica de um besouro: se avaliarmos seu peso, envergadura de asa e formato, ele não voa.

Só que ele voa, sim. E isso é o metaverso — uma aparente insanidade coletiva, mas que está acontecendo.

Uma iniciativa recente no Brasil gerou polêmica ao presentear Satiko, o avatar de Sabrina Sato, com um apartamento real, no mundo físico — algo inédito até então. O imóvel será usado para iniciativas publicitárias envolvendo a Satiko e para sediar eventos relacionados às marcas que o patrocinam: a construtora e a Biobots, criadora do famoso avatar.

Como já definimos, tudo parece uma loucura coletiva, mas tempos disruptivos são assim, um período do mundo no qual aquilo que surge, a princípio, parece não fazer sentido, e só lá na frente é possível compreender a nova realidade.

E as novidades são, sim, muito radicais e disruptivas, com apostas iniciais apresentando números exorbitantes. Um terreno no metaverso foi vendido por US$ 2,4 milhões, segundo notícia publicada pelo *Infomoney* em novembro de 2021 — posso garantir que não foi o nosso caso. Mais recentemente, o *Estadão* publicou que outro pedaço de terra virtual foi arrematado por R$ 1,6 bilhão, transformando-se na maior transação com criptomoedas da história.

Enquanto isso, grandes cidades como Singapura, Bangkok e Dubai criam as próprias réplicas no metaverso, permitindo que qualquer pessoa possa adquirir uma casa, loja ou escritórios nessas megalópoles virtuais.

Outra evolução marcante é o chamado turismo no metaverso. Ele permitirá, a quem desejar, ir a Paris ou Singapura sem precisar sair de casa. Agências como a Brown & Hudson, de Londres, já estão passando a vender experiências sensoriais a distância.

Barbados, em parceria com o Decentraland, anunciou que irá inaugurar a primeira embaixada do metaverso. Os ministros de Relações Exteriores e do Comércio Exterior do país caribenho afirmaram, também, que outras plataformas devem receber embaixadas futuramente.

O objetivo da iniciativa é que a embaixada opere, de fato, como uma instituição governamental que irá colaborar nas consultas e emissões de vistos, na identificação de propriedades e assim por diante. Eles apostam na interoperabilidade do metaverso, para que o trânsito entre diferentes mundos metavérsicos seja livre e integrado, algo em que a embaixada pretende concentrar esforços para que aconteça.

Ao inaugurar o conceito de diplomacia tecnológica, Barbados pretende dar visibilidade à sua cultura em um meio cosmopolita. Oportunidade que, provavelmente, servirá como estopim para que outras nações façam o mesmo.

A empresa de consultoria Accenture criou o "Nth Floor" — o nome vai no sentido de ser "qualquer andar", não importa o número —, no metaverso para os seus 500 mil colaboradores ao redor do mundo. Daqui para frente, todos vão habitar esse escritório, no qual poderão se encontrar rotineiramente.

Isso gera oportunidades inéditas de trabalho conjunto, não importa onde estejam. A ideia é que o funcionário, por meio de seu gêmeo digital, passe o crachá na portaria, entre no Nth Floor, reserve uma sala de reuniões, convide os demais para participar dela, exatamente como faz hoje no plano físico. A pequena diferença é que esse escritório estará em algum lugar na nuvem, e todas as pessoas com permissão podem acessá-lo. É um ponto de encontro acessível para pessoas que estejam em qualquer lugar do mundo. O Facebook está fazendo a mesma coisa, ainda em estágio inicial, com os workrooms da Horizon.

Em breve, as reuniões por videochamada serão substituídas por reuniões quase presenciais, e quem estará ao redor da mesa serão os avatares. Novamente, as fronteiras ficam mais frágeis, pois o trânsito entre o físico e o virtual será contínuo e sem demarcação. Por vezes, poderemos estar no plano físico, depois encontrar com alguém no Nth Floor e reencontrá-lo em um show no Fortnite.

Em 2022, aconteceu o primeiro casamento brasileiro no metaverso, no Decentraland. Os avatares puderam dançar na festa, e foram distribuídos NFTs como lembrança. O assunto virou trend topic no Twitter, e ao mesmo tempo que gerou certa desconfiança, o evento atraiu um público imenso, assistindo à transmissão ao vivo. O contrato do casamento também foi digital, formalizado via blockchain — o que ainda não tem validade jurídica no Brasil, mas é considerado um avanço importante para os entusiastas da comunidade cripto.

Quanto mais sofisticada é a interação no metaverso, mais o referencial estanque do físico e do incorpóreo se dissipa. Portanto, a distinção entre a persona física e o gêmeo digital importará cada vez menos. E o gêmeo que ficar na Terra permanecerá imutável, enquanto o que viaja entre o universo, o metaverso e os multiversos amadurece e se transforma.

CARACTERÍSTICAS ESSENCIAIS DO METAVERSO

- PERMANENTE: o metaverso é um local síncrono e, portanto, de contínua e perpétua existência. Independentemente de estarmos lá ou não, tudo continua acontecendo em tempo real.

- REATIVO: as ações de seus habitantes recebem reações imediatas, o que não lhes permite que fiquem passivos, somente como espectadores. No metaverso somos todos protagonistas.

- INTEROPERÁVEL: é o grande propósito do metaverso, de modo que experiências, propriedades e identidades naveguem em todas as plataformas. A interoperabilidade entre os vários mundos é o ponto crítico na evolução do metaverso.

- CRIATIVO: pessoas interagem e se engajam no conteúdo em vez de apenas consumi-lo. Usuários produzem e geram valor, para si e para o ecossistema. Nunca surgiu uma plataforma tão propícia para a democratização das oportunidades criativas.

- SOCIAL: é um lugar para conhecer pessoas, estreitar relações e criar comunidades. Trata-se, na verdade, de uma evolução natural e ampliada das redes sociais.

CAPÍTULO 5

O QUE ESPERAR?

ESPERAR
ESPERAR

METAVERSO
METAVERSO
METAVERSO
METAVERSO
METAVERSO
METAVERSO
METAVERSO
METAVERSO
METAVERSO

CAPÍTULO 5

> "No curso dos próximos 100 anos, as pessoas vão passar cada vez mais tempo como avatares dentro do mundo virtual".
>
> — DON STEIN,
> *founder — Roomkey*

PELAS RUAS DE ATENAS NO PERÍODO HELE-nístico, Epicuro observava os hábitos e as posses dos cidadãos atenienses, que se dividiam entre a própria vida privada e suas tarefas na *pólis*. Consideremos que o cidadão, naquele período, não era toda pessoa nascida em um local específico, e sim homens livres, maiores de idade, cuja estirpe fosse conhecida, com ascendência daquele mesmo local. Essas características, por si sós, já delimitavam quais espaços eles ocupariam na hierarquia social — o conceito de "classe social" só surgiria muito mais tarde.

Contudo, o que Epicuro observava é que os cidadãos atenienses não podiam ser descritos como felizes, ainda que o poder lhes permitisse sanar praticamente quaisquer desejos, materiais ou não.

A ideia de que a vida com abundância de recursos geraria uma sociedade pacificada e com indivíduos plenos já foi contestada também em outras áreas. O psicólogo e etólogo John B. Calhoun, conhecido por suas pesquisas sobre densidade demográfica e os efeitos dela sobre o comportamento, questionava o que aconteceria se todas as necessidades de uma sociedade fossem atendidas. Dedicado a responder a essa questão, surgiu um de seus estudos mais controversos, mas que ficou conhecido como um dos "Quarenta Estudos que Mudaram a Psicologia".

Entre as décadas de 1950 e 1960, Calhoun se dedicou a criar um mundo ideal — sem saber qual das duas versões que criaria seria o ideal. Para uma colônia de ratos.

Seu primeiro experimento envolveu uma colônia de ratos superpopulosa, em um espaço confinado, na expectativa de traçar um paralelo entre a vida dos animais e a dos humanos que viviam em situações subumanas nas grandes cidades.

A primeira colônia criada por ele, em 1947, contou com algo entre 32 e 56 ratos em uma gaiola, separada em quatro espaços internectados. Cada um desses espaços podia acomodar uma dúzia de ratos, os quais tinham livre trânsito na gaiola.

Calhoun se dedicava a suprir todas as necessidades deles, incluindo casinhas confortáveis, alimentação adequada, de modo que os ratos não fossem instados a procurar por nada mais para viver. Não à toa, o experimento foi chamado de Utopia dos Ratos. Sua expectativa era a de finalizar o experimento com mais ou menos 5 mil ratos ao final de dois anos. No entanto, a população nunca ultrapassou 150 indivíduos. Isso se deu porque os ratos estavam exaustos, não tinham ímpeto para se reproduzir e se comportavam de maneira errática.

Os machos praticamente entraram em guerra. Os mais fortes subjugaram os mais fracos, enquanto as fêmeas criaram os próprios grupos para se opor a eles, e se recusavam a acasalar. Outras devoraram os filhotes ou os abandonavam, e atacavam seus pares. Também havia casos de canibalismo. Os ratos que se isolavam eram os menos problemáticos, pois não feriam o resto do grupo.

Já em 1954, financiado pelo National Institute of Mental Health, Calhoun recriou o experimento com os ratos, dessa vez em um espaço físico maior e com uma estrutura mais complexa, com paredes de escalada e diferentes atividades para eles. A temperatura do ambiente era perfeita para os animais. Todos os tipos de precauções foram tomadas, a fim de impedir que doenças contaminassem o espaço. No entanto, apesar de todo o conforto, os ratos novamente apresentaram comportamentos erráticos.

Em 1968, Calhoun tentou novamente. Ele construiu a versão mais ampla e luxuosa do experimento. Vinte e cinco anos depois do início das pesquisas, oito ratos saudáveis chegaram ao Universo 25 — como ficou conhecida esta versão do experimento, devido ao número de tentativas anteriores. Novamente, todas as necessidades dos ratos eram sanadas, exceto pelo fato de que ele estavam limitados ao espaço da gaiola em que eram observados.

Inicialmente, a população cresceu rápido, dobrando de tamanho a cada 55 dias, como seria de esperar, pois os animais usaram o tempo que normalmente seria usado em busca de comida e abrigo para terem relações sexuais. Os filhotes cresciam e se reproduziam. A população chegou a 620 indivíduos; posteriormente, o crescimento populacional caiu drasticamente e passou a dobrar de tamanho a cada 145 dias. Assim como todos os experimentos anteriores, este começou a falhar.

O crescimento populacional rápido colocou muita pressão sobre o modo de vida dos indivíduos. Após o início dos comportamentos erráticos, essa comunidade de ratos, assim como as antecessoras, nunca mais se recuperou e colapsou.

Houve uma tentativa de remanejar alguns dos ratos, para que voltassem a viver situações que lhes eram familiares, mas eles aparentavam não se lembrar de como fazer nada. Os ratos foram alterados permanentemente. O último filhote que sobreviveu nasceu no dia 600 do experimento, ou seja, com pouco menos de dois anos de estudo, quando a população total chegava a 2.200 ratos, embora a configuração do experimento permitisse até 3.840 indivíduos. Não se sabe com exatidão quando o último residente do Universo 25 morreu, mas imagina-se que tenha sido em algum momento de 1973.

Em 1973, Calhoun publicou sua pesquisa do Universo 25 com o título "Death Squared: The Explosive Growth and Demise of a Mouse Population". As conclusões foram que, quando todo o espaço disponível é ocupado, e todos os papéis sociais, preenchidos, a competição e os estresses experimentados pelos indivíduos resultarão em colapso de comportamentos sociais complexos, resultando no desaparecimento da população. Esse colapso geral da sociedade foi chamado de ralo comportamental.

Esses resultados podem ser vistos sob diferentes perspectivas. A mais simples, à primeira vista, é a de que a vida de prazeres pode estar atrelada à decadência moral. Para os gregos, há um estado de felicidade que está atrelado à ética, chamado de *eudaimonia*, ligado ao exercício da razão. Sob esse aspecto, a experiência da comunidade dos ratos não se repetiria com os seres humanos, já que estes são capazes de controlar as emoções e de usar a razão.

Outro ponto de vista sobre os resultados da pesquisa de Calhoun é o malthusiano, segundo o qual o crescimento populacional acelerado levaria à extinção da população. No entanto, essa visão toma como ponto de partida a escassez — e a inabilidade de inovação para se chegar a técnicas para obtenção de recursos —, o que não se aplica à Utopia dos Ratos.

O período entre a população máxima e o início do colapso na estrutura social dos ratos indica uma mudança dramática no comportamento social. Uma vez que existe uma quantidade limitada de funções que podem ser desempenhadas em uma comunidade, e que esses papéis dependem da organização social e das necessidades daquela população, muitos indivíduos na colônia de ratos deixaram de ter um propósito na comunidade e se tornaram sobressalentes. Alguns deles, então, se isolaram; outros passaram a ter comportamentos cada vez mais erráticos.

O fracasso do Universo 25 e da Utopia dos Ratos, portanto, não parece derivar da densidade populacional. O experimento gera um alerta quanto ao dia em que todas as nossas necessidades poderão ser atendidas — o que pode estar cada vez mais perto, com a iminência do metaverso.

Voltemos à perspectiva sociológica do metaverso, considerando-o como um ecossistema completo, no qual até mesmo necessidades mais orgânicas, como o desejo sexual, podem ser sanadas. Nele, um cenário de letargia no qual todos se isolam, abandonando o mundo físico e ignorando todas as necessidades orgânicas e sociais — como o que é apresentado na ficção distópica do filme *O Jogador Número Um* — poderia se concretizar? A resposta é não.

Porém o metaverso é um espaço no qual todas as necessidades são atendidas e os desejos são realizados. Já que ele é praticamente um ambiente estéril no qual podemos assumir os papéis que desejarmos, a conclusão apocalíptica da experiência da Utopia dos Ratos no Universo 25 poderia nos levar a crer que isso acontecerá conosco — a não ser por um detalhe: a vida real não para.

PESSOAS QUE NÃO LUTAM
PELA SUA EXISTÊNCIA ACABAM
DESISTINDO DE EXISTIR.

Nós continuamos precisando trabalhar, comer, beber água... e a vida real segue imperfeita, nossas necessidades não são atendidas se não trabalharmos e não nos esforçarmos para isso. Basicamente, se a gente não trabalha, a gente não paga nem a conta de luz para adentrar no metaverso. Retornando a Epicuro, o filósofo definia a felicidade não como abundância, mas justamente como a ausência — tanto de excessos quanto de incômodos.

Ou seja, o cenário ideal para os ratos só existiu porque criou-se um ambiente controlado e estéril para eles. Sem isso, a organização social própria dos ratos funciona muito bem, sem que eles se autodestruam. A hipótese da extinção da humanidade graças ao predomínio da tecnologia vai de encontro à nossa própria humanidade. Ela é o que nos ancora.

Mas a experiência, de fato, nos serve de alerta para o momento em que nos defrontarmos com o lugar de abundância que o metaverso promete ser. Para os epicuristas, a felicidade não é obtida por meio da satisfação plena dos desejos, pois não pode depender de outras fontes além da própria existência. Um novo universo de possibilidades deve servir para expandirmos a nossa força motriz, que é o propósito, e não perdê-lo de vista. Aparentemente, tanto ratos quanto pessoas precisam de um propósito para continuar sua luta cotidiana. A falta de luta ou propósito pode descambar para o caos ou distopia, e não a tão almejada utopia do paraíso.

Os *millennials*, a Geração Z e os *perennials* almejam uma sociedade muito mais inclusiva, que aceita e acolhe as diferenças. São gerações que não toleram homofobia, xenofobia, racismo. Hoje, a sociedade exige a aceitação das diferenças e oportunidades para todos serem o que quiserem ser.

De certa maneira, o metaverso parece ser um campo fértil para isso, afinal, ele permite que um entregador de pizza seja um samurai. Em suma, ele é um mundo no qual pessoas de qualquer classe social ou poder aquisitivo frequentem os mesmos ambientes e convivam de igual para igual.

Como esse ecossistema está sendo construído, e os *early adopters* são justamente mais jovens ou pessoas que se identificam com a construção de ambientes inclusivos, é provável que o metaverso seja intrinsecamente inclusivo.

Nesse sentido, existe uma promessa não apenas de o indivíduo poder ser o que quiser e fazer o que quiser quando sentir vontade, como também de a sociedade se aperfeiçoar, coletivamente, dentro do metaverso.

Na busca pela inclusão e pela oportunidade irrestrita, bem como no respeito às minorias, o metaverso aparenta ser um ambiente promissor.

Outro fator importante é que a pandemia agudizou os sentimentos de autocuidado e de segurança. Isso antecipou uma tendência prévia de adesão ao metaverso, em busca de experiências síncronas, para intensificar o senso de pertencimento.

A pandemia nos deu a certeza de que dá para estar perto, mesmo estando longe — algo com que muitos de nós já estávamos familiarizados, mas que se impôs para muitas pessoas de diferentes gerações e classes sociais.

O candidato a prefeito da cidade de Nova York, Andrew Yang, lançou uma metacampanha em junho de 2021, e o avatar de Yang discursou para uma audiência digital. Ativistas das causas climáticas iniciaram o movimento #ClimateStrikeOnline, na busca de migrar os eventos e protestos para o online, de modo a reduzir as emissões de carbono.

Em 2020, surgiram as greves digitais. A Imvu, por sua vez, se tornou um lugar de expressão e de construção de comunidades. Segundo Daren Tsui, CEO da Together Labs, "Os usuários estão transferindo suas traquinagens políticas e sociais da vida real para o mundo virtual". Uma gama cada vez mais ampla de pessoas está entrando na arena do metaverso. E daqui para a frente, a expectativa é que grandes movimentos sociais vão surgir e se estabelecer nesse novo ambiente virtual.

Fato é que o metaverso já chegou com tudo. Ele evoluiu o suficiente para ser capaz de se tornar o maior fenômeno econômico que já ocorreu? Ainda é cedo para afirmar, mas as expectativas são muito promissoras.

Alguns números deixam isso claro:

- Uma casa no metaverso já foi vendida por US$ 76 mil.
- Uma obra de arte digital original para o metaverso custa em média US$ 9 mil.

- Uma bolsa de grife para o metaverso tem o valor de US$ 2.900.
- Um show no metaverso pode reunir facilmente mais de 1 milhão de pessoas.

Independentemente de nossa crença sobre a evolução exponencial do metaverso ser maior ou menor, devemos prestar atenção e acompanhar de perto esse movimento. Afinal, não podemos seguir a vida ignorando grandes tendências como esta.

Se precisássemos resumir o metaverso, diríamos que é um espaço síncrono e permanente. Quando assistíamos majoritariamente aos canais de televisão, éramos acostumados à mídia síncrona, com horários predeterminados; atualmente, com os serviços de *streaming*, nos acostumamos às mídias assíncronas, às quais podemos assistir quando der vontade. Nesse aspecto, o metaverso é uma retomada: um show vai acontecer em determinado local no metaverso; não há limite para o número de espectadores simultâneos, mas todos precisarão estar presentes naquele mesmo horário. De certa forma, isso reconecta os indivíduos às experiências humanas de sociabilidade, de contemplação e de comprometimento.

Da mesma forma, esse novo paradigma reconfigura as relações de negócios. É imperativo olhar para o lado para seguir em frente. Estratégias como o omnichannel são reformuladas tendo em vista a personalização, dando espaço ao *metachannel*, operando em uma economia própria — a *Metanomics*.

Como disse o autor Nassim Nicholas Taleb, no livro *A Lógica do Cisne Negro*, nós vamos sair do "mediocristão" (espaço dominado pela mediocridade, no qual não existem grandes fracassos nem sucessos relevantes) como negócio e poderemos entrar no "extremistão", que é esse mundo no qual você é capaz de produzir riqueza como nunca foi possível antes, devido às limitações físicas, e onde um fator pode impactar todos os outros. Ele tem uma economia própria, e nós ainda estamos aprendendo como ela opera, mas já está em pleno funcionamento, com conteúdos e experiências que estão sendo criadas por uma gigantesca gama de colaboradores.

Quem foi mais rápido com as carroças rumo à corrida do ouro na Califórnia, no século XIX, encontrou as melhores lavras de ouro na Costa Oeste norte-americana. Por ser considerado então a evolução da internet, a recompensa para os pioneiros no metaverso poderá ser a mesma daqueles que chegaram cedo, como Google e Amazon. O pioneirismo tem seu preço e seu risco; por outro lado, tem a vantagem de permitir que você se posicione bem nessa corrida do ouro. Portanto, vamos ficar atentos, porque só assim poderemos ser protagonistas desta nova era.

Vamos ler e nos aprofundar sobre este assunto. Caso contrário, seremos expulsos do Paraíso, como no tempo de Adão e Eva, sem nem ao menos comer o fruto do conhecimento. Está mais do que na hora de começar a estudar este novo campo de oportunidades e desafios em todas as suas vertentes, que são diversas, para entender o que poderá acontecer.

Esta é uma nova fase do mundo, na qual cada um de nós terá muito mais relevância do que já teve. Em alguns, isso pode gerar excitação; em outros, receio, medo, desespero. Afinal, sempre que você não estabelece limites claros, segundo Nietzsche em sua obra *A Genealogia da Moral*, as pessoas de moral escrava — que não assume a responsabilidade pelas próprias ações e se ressente por isso — ficam desesperadas, enquanto aqueles de moral aristocrata ficam absolutamente fascinados com o livre-arbítrio e com o universo de possibilidades. Este é o mundo da falta de limites, o que é bom por um lado e perigoso por outro.

> "O destino do cosmos do conhecimento depende da nossa reação a essa nova era"
>
> — JAMES LOVELOCK

É preciso entender que o metaverso não será o mundo de todos nem um mundo qualquer. Ele será o mundo de cada um. Parecem ser similares, mas uma coisa é muito diferente da outra. Cada um viverá o metaverso a seu modo e, nele, cada um será único, em seu próprio mundo. É isso o que faz desse projeto, que tem sido construído por milhares de mãos, algo tão potencialmente marcante.

Trata-se de uma nova lente que nós estamos colocando na câmera da nossa realidade. Vinte anos atrás, dizíamos: "Quando eu chegar em casa, à noite, eu vou entrar na internet". Pois nós voltaremos a falar isso. A diferença é que não teremos o barulhinho intermitente da conexão discada e que, agora, essa frase vai ser literal: nós vamos *entrar*, de cabeça, corpo e alma, na internet, e lá viveremos uma segunda vida. Uma vida que é, simultaneamente, paralela, mas também é a mesma vida daqui.

Se até hoje sonhávamos com uma vida específica, agora nós podemos viver o sonho. E é isso que transforma o metaverso em algo marcante, em algo que pode realmente fazer diferença no mundo, com todos os riscos de algo novo e, ao mesmo tempo, com as imensas oportunidades que o novo traça para todos nós.

> O METAVERSO NÃO SERÁ O MUNDO DE TODOS NEM O MUNDO DE QUALQUER UM. ELE SERÁ O MUNDO DE CADA UM.

Como nos preparamos para entrar no metaverso? Que tipo de atitude devemos ter em relação a ele?

Nós aprendemos ao longo de toda a nossa vida. Vamos à escola, fazemos faculdade, recebemos a educação dos nossos pais. Depois, a gente começa a ler. E, com a leitura, a gente vai aprendendo tudo o que a cultura humana produziu nos últimos séculos.

Depois a gente começa a consumir e gerar informação a partir da internet. Entramos em sites, fazemos publicações, começamos a estudar, a fazer cursos, pós-graduação, especialização e assim por diante. Ou seja, seguimos aprendendo ao longo da vida. Essa é a nova postura *lifelong learning* da sociedade.

Com todo esse conhecimento acumulado, se alguém nos perguntar: "O que vocês aprenderam nessa vida?" ou pedir: "Me resuma, em uma frase, o que vocês aprenderam em relação a negócios, a relacionamentos, a comportamento social, à importância de cada coisa na sua vida", poderíamos sintetizar em uma frase o que recomendaríamos para as pessoas quanto à atitude que elas devem ter: segura na mão de Deus e vai — e se der errado, sai rápido.

Não existe outra forma de você viver neste mundo de transformações exponenciais, cuja única constante é a mudança, no qual o que vale hoje amanhã já não valerá mais.

Ou seja, é preciso saber entrar no metaverso com entusiasmo, encarando o desconhecido, mas tendo pertinácia e capacidade analítica para, se alguma coisa não estiver certa, sair rápido.

Pessoas que entram rápido e saem rápido dos locais são as que mais têm sucesso. Já quem demora para entrar e demora para sair não costuma ser bem-sucedido. Você tem que entrar rápido para ser pioneiro, e isso lhe dá vantagens competitivas. Mas não insista naquilo que não funciona — isso serve para casamento, para trabalho e para toda a vida.

Ou seja, não existem novos aprendizados para o metaverso. O que vale para o nosso mundo vale para o metaverso.

Não deu certo? Saia e não olhe para trás. Vá em frente, em busca de novas coisas. Existe um novo mundo acontecendo todo dia.

———

APÊNDICES

APÊNDICES

METAVERSO
METAVERSO
METAVERSO
METAVERSO
METAVERSO
METAVERSO
METAVERSO
METAVERSO
METAVERSO

APÊNDICE 1

O GLOSSÁRIO DO METAVERSO: TERMOS-CHAVE PARA ENTENDER MELHOR ESSA EVOLUÇÃO

EM OBRAS ARTÍSTICAS FUTURISTAS, OU QUE envolvem um grau de complexidade alta em sua história, como "A Origem" ("Inception", 2010) ou "Ready Player One" ("Jogador Nº 1", 2018), é comum observar a presença de um personagem novo àquele universo, que é cheio de curiosidade e de questionamentos.

Você pode até não perceber, mas esse é um truque que diretores usam para ajudar o telespectador a entender o mundo em que a história se passa. Isso mesmo, aquele personagem é você!

Nessas e em outras obras, existem termos e expressões que nós nunca ouvimos falar, mas que por conta dessa ajuda especial, passamos a compreender, facilitando assim o entendimento geral do filme, livro ou peça.

Da mesma forma, sempre que novidades revolucionárias e tendências surgem, ou sempre que marcos na evolução da tecnologia na história humana acontecem, novas expressões e palavras passam a ser usadas e vistas em quase todo lugar: nas redes sociais, em livros, nas notícias, em estudos, em filmes, em palestras e muito mais.

Com o surgimento e impulso que o metaverso dá a cada dia, novos termos dão às caras e se difundem, ganhando espaço no vocabulário das pessoas, que procuram entender os seus significados.

Mas, antes de listar aqui as palavras deste novo e animador universo, olhemos para um contexto geral da relação entre os termos, suas origens e seus significados.

Uma das coisas mais curiosas da linguagem é como as palavras e expressões são usadas em nosso dia a dia sem ninguém se perguntar: "de onde exatamente elas vieram?".

Esse é também o caso com os nomes de todos os gadgets e funcionalidades tecnológicas que estão presentes em nossas vidas, que repetimos milhares de vezes, usamos diariamente, mas não fazemos ideia de onde surgiram.

A própria palavra tecnologia, por exemplo, é um dos termos mais populares e comuns. Porém, a maioria das pessoas não sabe que a sua origem vem de duas palavras gregas: *techne*, que significa arte, habilidade, ofício, ou a maneira pela qual algo é obtido e logos, que significa palavra pela qual o pensamento interior é verbalizado, um ditado ou uma expressão.

Portanto, combinando os dois significados, a palavra tecnologia, em seu mais primitivo estado, se refere a palavras ou um discurso sobre a forma como as coisas são obtidas.

É claro que, nos dias atuais, a palavra ganhou novas representatividades, sendo normalmente atrelada aos métodos, soluções, produtos e dispositivos resultantes de um processo tecnológico, e imediatamente ligada à inovação, a algo moderno.

APÊNDICE 1

Entender os significados e origens dos termos é importante para compreender o lugar de cada um naquele universo, além de facilitar a ambientação e o compartilhamento de conhecimento.

A origem da palavra Bluetooth foi até a questão final em um reality show de perguntas e respostas. O participante, porém, não sabia que o termo surgiu como uma forma de se referir ao Rei Dinamarquês Harald Blatand, principal responsável pela união da Escandinávia, por volta do ano 970 d.C — a tradução de Blatand para o inglês é Bluetooth.

Com o surgimento da internet como a conhecemos hoje, lá no longínquo fim do século XX, alguns termos se tornaram tão comuns que adquiriram novos significados, sendo usados em situações e cenários fora do ambiente virtual.

O termo "bug", por exemplo, foi primeiramente usado pelo General Grace Hopper para documentar a presença de um inseto (bug, em inglês), em um de seus equipamentos. Algum tempo depois, Thomas Edison, um dos maiores inventores da humanidade, se referiu em uma de suas anotações a alguns erros e interferências como "bugs". E até hoje o termo é usado no mundo da informática para se referir a algum erro programático.

Porém, na linguagem popular, bug se refere também a basicamente tudo que trava, dá errado ou é lento.

É realmente impressionante o poder que as palavras têm de se ressignificar e quebrar as barreiras da sua área de atuação original, ou de serem tão ligadas a um ecossistema específico a ponto de sempre sabermos do que se trata.

Com a atual era sendo marcada pela evolução do metaverso, não é diferente. Novas palavras e expressões ganham espaço, tornando o seu conhecimento essencial para entender melhor o seu funcionamento e tudo que faz parte deste novo mundo.

Afinal, o impacto das implementações e novas experiências proporcionadas pelo metaverso é gigantesco, com coisas que nunca vimos antes. Novidades estão sendo observadas em inúmeros setores, como o artístico, o imobiliário, o musical, o de eventos, o de moda, o do cinema, o cultural, o esportivo, e até mesmo na medicina.

Mas existem vários metaversos, cada um com sua própria personalidade, métricas e ideias. Sem mencionar alguns termos importantes que se aplicam ao espaço como um todo com os quais você pode não estar familiarizado. Ou até mesmo aqueles que você já conhece, mas que possuem outro significado no metaverso.

Conhecer e, mais importante, entender a terminologia do metaverso é crucial para todos ao avaliarem como implementar estratégias e como interagir lá dentro. A maioria dos termos provém da língua inglesa, portanto, também iremos apresentar a versão das palavras e expressões em inglês.

Confira!

METAVERSO (METAVERSE)

Uma área virtual sem limites onde você pode conhecer pessoas em realidade virtual (imagens, objetos, lugares e sons produzidos por um computador, que parecem representar um lugar ou situação real).

O termo "Metaverso" foi, pela primeira vez, registrado no romance de ficção científica Snow Crash, de Neal Stephenson, de 1992, onde os humanos, como avatares, interagem uns com os outros e com agentes de software, em um espaço virtual tridimensional que usa a metáfora do mundo real.

A palavra é uma junção do termo grego Meta e da palavra inglesa universo. *Meta*, em grego, era popularmente usado como um prefixo para significar depois ou além.

META

Em outubro de 2021, o grupo Facebook oficializou a mudança de sua marca para Meta. O anúncio feito por Mark Zuckerberg, no Facebook Connect, marca uma nova etapa da empresa que também comanda WhatsApp, Instagram, entre outros produtos de tecnologia e mídias sociais.

O novo nome aponta para a proposta de ampliar a atuação do grupo, especialmente com a expansão de possibilidades para o metaverso e a popularização de uma nova realidade, com objetivo de conectar pessoas e fortalecer a comunidade desses novos ambientes.

Para isso, a empresa tem trabalhado na criação de experiências imersivas e no desenvolvimento de produtos voltados para os ambientes virtuais.

IMERSIVO (IMMERSIVE)

Imersivo é uma palavra que você verá em todos os lugares, nas descrições do metaverso e se refere à ideia de que a experiência "cerca" você, em vez de ser simplesmente uma imagem em uma tela.

Isso significa que os usuários podem mergulhar em seu ambiente digital, preenchendo uma das principais lacunas entre os mundos real e virtual.

A imersão é um dos pilares do metaverso. As situações que provocam e criam interações sociais são consideradas imersões. Ou seja, é quando você consegue, de forma extremamente realista, interagir com o ambiente, gerando sensações reais.

Existem várias maneiras de interagir no metaverso, seja fazendo escolhas na personalização do personagem com as suas mãos, seja sentindo medo ou felicidade frente a alguma situação, ou até mesmo sentir vertigo.

Quem nunca viu um vídeo de uma pessoa cair no chão enquanto usa um óculos de Realidade Virtual? A culpa é da imersão!

MUNDO VIRTUAL (VIRTUAL WORLD)

Um mundo virtual é um ambiente simulado, acessado por muitos usuários que podem explorar o mundo simultaneamente e de forma independente, através do uso de um avatar.

O mundo virtual apresenta dados perceptivos ao usuário, ao mesmo tempo em que inclui as ações e comunicações em tempo real de outros usuários, juntamente aos seus movimentos.

Jogos online multiplayer usam mundos virtuais para permitir que os jogadores façam tarefas, como construir e mudar o mundo e viajar entre espaços dentro de um mesmo ambiente.

AVATAR

Um avatar do metaverso dá a você a capacidade de parecer como quiser em qualquer ambiente. Não existem limites de clima, território ou qualquer aspecto físico. Você pode se vestir como bem entender e experimentar diferentes roupas, maquiagens, acessórios ou até mesmo fantasias.

Existem dois tipos de avatares: os imersivos e os tradicionais.

Avatares imersivos são representações 3D de usuários e são sua persona no mundo virtual. Os próprios usuários criam avatares personalizados que podem interagir com outras pessoas e com o metaverso.

Os avatares tradicionais são comumente meros ícones que representavam um usuário. Eles não interagem nem se movem na maioria dos casos.

Os avatares imersivos, por outro lado, são interativos, o que significa que podem falar, mover-se, dançar, etc. no mundo virtual.

REALIDADE VIRTUAL (VR)

A realidade virtual é uma experiência simulada que geralmente é fornecida por um headset de realidade virtual que projeta imagens, sons e outras sensações realistas para um usuário em um ambiente virtual.

A realidade virtual é atualmente usada para videogames, mas pode ser usada para reuniões virtuais, treinamento médico ou treinamento militar.

Uma pessoa que está usando equipamentos de realidade virtual é capaz de fazer coisas como olhar ao redor de um mundo virtual, mover-se e interagir com objetos e outros usuários.

REALIDADE AUMENTADA (AR)

A realidade aumentada é semelhante à realidade mista, pois cria uma maneira interativa de experimentar ambientes do mundo real. A realidade aumentada geralmente aprimora o mundo real por meio de adições sensoriais digitais, como visuais, sons, dados sensoriais ou dados olfativos.

A realidade aumentada apresenta uma integração de mundos reais e virtuais, interação em tempo real e visualizações 3D de objetos. Um exemplo de como isso pode ser usado é permitir que os compradores visualizem um produto que estão considerando em um ambiente que lembra sua casa.

REALIDADE MISTA (MR)

A realidade mista é a integração dos mundos real e virtual para criar novas maneiras de interagir com espaços físicos e digitais e outros usuários. Na realidade mista, você não está apenas no mundo virtual ou inteiramente no mundo real, mas em algum lugar ao longo do espaço compartilhado entre os dois.

Exemplos de realidade mista são simulações de locais específicos, como representações 3D de gráficos ou conceitos projetados em óculos de realidade virtual em uma palestra universitária ou o uso de realidade aumentada no Pokémon Go, onde os usuários podem ver o Pokémon que encontraram no mundo real por meio da câmera do seu dispositivo móvel.

A realidade mista tem aplicações para videogames, educação, treinamento militar, saúde e integração de humanos e robótica.

ÓCULOS VR

Trata-se de um aparelho utilizado para que o usuário tenha uma experiência imersiva, ao interagir com ambientes virtuais. Para isso, o equipamento projeta uma imagem diferente para cada um dos olhos, criando a ilusão de profundidade, altura e largura nas imagens.

O acessório é bastante explorado na indústria dos jogos, gerando novas experiências para os entusiastas dos games, mas os Óculos VR já tem ganhado força em outras áreas, como turismo, arquitetura e psicologia.

A medicina, por exemplo, pode utilizar o equipamento para treinamento de médicos e enfermeiros. Já a educação pode desenvolver novas maneiras de aprender, apresentando conteúdos imersivos e gerando grandes experiências para os alunos.

Hoje em dia, o mercado conta uma ampla variedade de modelos, que vão desde óculos de papelão, com preço acessível e que são compatíveis com celulares, até equipamentos mais sofisticados, que possuem funcionalidades para proporcionar maior imersão e conforto ao longo de seu uso.

CARDBOARD

São modelos construídos com papelão. Nestes aparelhos, o celular é utilizado como tela. Estão entre os óculos de realidade virtual mais baratos do mercado. Inclusive, a Google liberou um molde do equipamento para que os usuários possam baixar e fazer seu próprio Cardboard, com poucos materiais.

VR BOX

Com preço acessível e tecnologia Bluetooth, os óculos VR Box tem o funcionamento parecido com o Cardboard. No entanto, o aparelho é fabricado em material mais resistente, proporcionando maior durabilidade e conforto.

META QUEST 2

É a versão mais recente do óculos de realidade virtual desenvolvido pela Meta. Sua proposta está em ampliar as experiências de imersão. O equipamento permite conexão com computadores sem a necessidade de cabos e possibilita que uma série de acessórios sejam adicionados para tornar ainda maior a sensação de estar em outros ambientes.

Além dos jogos, o Meta Quest 2 busca fortalecer a interação entre a comunidade com outras possibilidades que podem ser exploradas por meio da realidade virtual. Por ter seu próprio sistema operacional, não é necessário utilizar o celular.

DESCENTRALIZAÇÃO (DECENTRALIZATION)

Considerada por muitos como um dos pilares que fazem o metaverso existir, a descentralização se refere à possibilidade de gerenciamento de dados à distância. Ou seja, onde quer que você esteja, mesmo sem uma conexão estável, é possível interagir com uma renderização completa e com gráficos ultrarrealistas.

Isso acontece pois os dados necessários para fazer tudo isso rodar estão sendo processados em outro lugar virtual, garantindo a qualidade da experiência e mudando o controle e o poder para uma estrutura mais distribuída e democratizada.

BLOCKCHAIN

Blockchain é um sistema de registro de informações construído de uma maneira que torna difícil ou impossível alterar, hackear ou enganar. Um blockchain é essencialmente um livro digital de transações que é duplicado e distribuído em toda a rede de sistemas de computadores.

Dessa forma, é um registro de uma série de dados com carimbos de data/hora que é imutável e gerenciado por uma rede de computadores e não por um único sistema centralizado.

Os dados nesta rede são criptografados e nenhuma autoridade central pode controlar este sistema descentralizado.

CRYPTOMOEDAS (CRYPTOCURRENCY)

Uma criptomoeda é uma forma de moeda virtual que usa algoritmos criptográficos e blockchain para implementar as funções clássicas do dinheiro: reserva de valor, unidade de conta e meio de troca.

Exemplos populares incluem Bitcoin e Ethereum.

BITCOIN

O Bitcoin foi a primeira moeda virtual a ser criada e, até hoje, é a criptomoeda mais popular do mercado.

Trata-se de uma moeda descentralizada, baseada em blockchain. A negociação do Bitcoin não depende de intermediários, como bancos ou outras instituições financeiras. Ela pode ser adquirida em diferentes plataformas e seu valor, assim como outras moedas, apresenta variações diárias.

Por sua vez, novos Bitcoins são criados por meio da mineração. Mesmo procedimento pelo qual a rede é validada por usuários que são chamados de mineradores.

Esse processo é realizado ao resolver problemas matemáticos complexos. Para solucioná-los, os mineradores utilizam equipamentos com alta capacidade de processamento.

Hoje em dia, muitas pessoas investem no Bitcoin. Ele pode ser usado para compra e venda de diferentes produtos e serviços em estabelecimentos que aceitam a moeda.

ALTCOIN

É o nome dado às criptomoedas que são alternativas ao Bitcoin. Ou seja, toda cripto que não seja o Bitcoin, é uma Altcoin. Atualmente, existem milhares de Altcoins e cada uma delas apresenta diferentes características, no que diz respeito ao seu funcionamento, propósito e aplicação.

CONTRATOS INTELIGENTES

São contratos digitais aplicados à blockchain e que são executados automaticamente, de acordo com os compromissos estabelecidos pela negociação, sem a necessidade de um intermediário para que a decisão seja cumprida.

Funciona como um código de programação que define como o contrato vai se comportar e ser cumprido diante das condições apresentadas.

APLICATIVOS DESCENTRALIZADOS (DAPPS)

Os aplicativos descentralizados também funcionam a partir da tecnologia do blockchain. As informações que integram essa aplicação não ficam armazenadas nem dependem de um servidor central ou data center, por exemplo.

Diferentemente de aplicativos tradicionais, as dApps funcionam sem a necessidade de intermediários, com base em contratos inteligentes que possibilitam a execução dos programas de maneira autônoma. Isso contribui para a segurança e transparência do aplicativo.

Alguns dos dApps mais populares são o OpenSea, marketplace de bens digitais, a rede social Steemit, e também o famoso jogo virtual CyptoKitties.

ETHEREUM

É uma plataforma blockchain que permite o desenvolvimento de aplicações descentralizadas. Ou seja, os softwares não são regulados por centrais ou entidades. Na verdade, o Ethereum foi quem idealizou o conceito de dApps, com base nos contratos inteligentes.

A plataforma entrou no ar em 2015. A partir dela, os usuários podem explorar as possibilidades dos aplicativos, em diferentes finalidades, como compra de NFTs, jogos virtuais, serviços financeiros e ferramentas de tecnologia.

Além disso, o Ethereum possui sua própria criptomoeda, o Ether, que atualmente é uma das mais conhecidas, junto com o Bitcoin. Essa moeda é utilizada para pagamentos e transações, como também para que as dApps funcionem na rede.

METAMASK

O Metamask é uma carteira digital para criptomoedas da rede Ethereum. O software é utilizado pelos usuários para interagir com a plataforma, guardar tokens e usar aplicativos descentralizados.

NFT

Tokens não fungíveis ou NFTs são ativos criptográficos em uma blockchain com códigos de identificação exclusivos e metadados que os distinguem uns dos outros.

Ao contrário das criptomoedas, elas não podem ser negociadas ou trocadas em equivalência.

A construção distinta de cada NFT tem potencial para diversos casos de uso. Por exemplo, eles são uma forma ideal para representar digitalmente ativos físicos como imóveis e obras de arte.

Por serem baseados em blockchains, os NFTs também podem ser usados para remover intermediários e conectar artistas com o público.

WEB 2.0

É como conhecemos a internet nos dias de hoje, com sites e e-commerces em duas dimensões, pelas quais nós rolamos o nosso mouse e clicamos para interagir.

WEB 3.0

A Web 3.0 é a próxima geração da internet. O objetivo da Web3 é conectar e envolver os usuários em um nível superior. É aí que entra o metaverso imersivo.

A Web 3.0 traz os usuários para esses sites e lojas onde os usuários irão interagir com o conteúdo digital como avatares, encostando e pegando itens com suas mãos.

A versão 3.0 tem como pilares centrais a descentralização, abertura e maior atuação do usuário.

EXPERIÊNCIAS DO METAVERSO (METAVERSE EXPERIENCE)

A experiência no metaverso é baseada no que é engajado no ambiente digital, como experiências sociais imersivas, jogos, workshops, festas ou shows. Como o metaverso é 3D, você irá se mover em vez de rolar sobre ele em uma tela.

REALIDADE ESTENDIDA (XR)

A Realidade Estendida, referida muitas vezes como XR (Extended Reality, na sigla em inglês), é uma combinação de todos os termos de "realidade": VR, AR e MR. Com o tempo, os termos individuais começarão a se misturar, especialmente à medida que a tecnologia evolui, e o metaverso começa a tomar forma.

Todas as tecnologias imersivas estendem a realidade que experimentamos, combinando os mundos virtual e "real" ou criando uma experiência totalmente imersiva.

Em termos simples, é como construímos um mundo digital com a tecnologia para criar ambientes, experiências e interações únicas. Para empresas e consumidores, o XR representa uma oportunidade poderosa.

ECONOMIAS VIRTUAIS (VIRTUAL ECONOMIES)

O termo "economia virtual" foi usado pela primeira vez para se referir à troca ou venda de bens virtuais dentro de jogos online.

Em alguns desses jogos, os jogadores podem comprar coisas uns dos outros e trocar dinheiro real por dinheiro baseado no jogo. No entanto, as economias virtuais agora também podem incorporar criptomoedas e NFT's.

Muitos acreditam que as empresas de mídia social e outras corporações podem criar suas próprias moedas virtuais no futuro.

GÊMEO VIRTUAL (VIRTUAL TWIN)

Nada mais é que uma representação de um objeto ou forma dentro do metaverso, de forma virtual.

Um gêmeo virtual é um modelo virtual projetado para refletir com precisão um objeto físico. O objeto em estudo é equipado com vários sensores relacionados a áreas vitais de funcionalidade. Esses sensores produzem dados sobre diferentes aspectos do desempenho do objeto físico, os quais são então transmitidos para um sistema de processamento e aplicados à cópia digital.

Uma vez informado com esses dados, o modelo virtual pode ser usado para executar simulações, estudar problemas de desempenho e gerar possíveis melhorias, tudo com o objetivo de gerar insights valiosos – que podem ser aplicados de volta ao objeto físico original.

MUNDOS ESPELHADOS (MIRROR WORLDS)

Assim como os gêmeos virtuais, um mundo espelhado é uma versão digital de um mundo com equivalentes digitais de pessoas, animais, lugares e objetos. Em vez de um óculos de Realidade Virtual remover você completamente de seu ambiente, os mundos espelhados são paralelos à realidade, transformando seu entorno em versões refratadas de si mesmos.

Os Mundos Espelhados mergulham você sem te mover no espaço físico. Você ainda está presente, mas em um plano diferente da realidade. Quase como o que acontece com Frodo, quando ele coloca o Um Anel, ou o Mundo Invertido de Stranger Things.

MUNDOS PERSISTENTES (PERSISTENT WORLDS)

É quando um ambiente virtual continua existindo, evoluindo e se desenvolvendo constantemente, mesmo quando os usuários não estão interagindo com ele. É o que acontece em vários jogos, desde os bichinhos virtuais (quem aí lembra dos Tamagotchis?) até os de RPG, nos quais características de personagem como fome, sono, temperatura e do ambiente como tempestades ou avalanches acontecem a todo momento, mesmo com ninguém online.

PORTAIS (PORTALS)

São os diferentes pontos de acesso que conectam vários ambientes virtuais que estão distribuídos no mesmo metaverso.

HOLOGRAMAS DIGITAIS (DIGITAL HOLOGRAMS)

É a reprodução de uma projeção realista de uma pessoa, lugar ou objeto, dentro do espaço virtual. Essa projeção geralmente é em 3D e pode ser vista de todos os lados, o que significa que dentro do metaverso um avatar pode andar ao seu redor e em muitos casos interagir com ele.

TELETRANSPORTE (TELEPORTATION)

É isso que você leu mesmo. No metaverso, o que é ficção, e considerado por muitos um sonho de consumo, a habilidade de ser instantaneamente transportado de um lugar para outro é possível. Geralmente é realizado com a utilização de tecnologias de Realidade Aumentada ou Realidade Virtual.

Com um óculos de VR, é possível ir de um aquário até a Times Square em questão de segundos.

Quem não gostaria que essa função fosse possível no mundo real, não é mesmo? Seria um jeito rápido e fácil de fugir daquela reunião chata.

TELEPRESENÇA (TELEPRESENCE)

É a sensação real de estar em um lugar diferente ao que você está fisicamente. Essa funcionalidade é um dos trabalhos dos desenvolvedores por trás das experiências no metaverso.

Afinal, quanto mais real uma atividade parecer, mais engajadas as pessoas estão, abrindo novas oportunidades para marcas, jogos e muito mais.

Os cinemas 5D, por exemplo, usam esse conceito para proporcionar um nível superior de imersão, com esguichos de água, ventos, movimento das cadeiras, etc.

MECANISMOS 3D (3D ENGINES)

É o conjunto de softwares que criam e permitem a implementação de gráficos e interações em três dimensões no metaverso, o que garante uma experiência imersiva dentro de um mundo virtual.

O uso do 3D para gerar mais emoção e imersão é usado faz tempo na indústria de games e filmes, criando novas maneiras de interagir.

Existem empresas líderes neste mercado que evoluem a cada ano, inventado novas possibilidades e casos de usos, inclusive na telemedicina e no ensino a distância.

GPU (GRAPHICS PROCESSING UNITS)

Uma GPU é uma tecnologia de computação especializada para a produção criativa de gráficos e renderização de vídeo. Ela permite que os programadores criem efeitos visuais atraentes e cenas realistas para acelerar a renderização de gráficos 3D, tornando-se um protagonista fundamental para tornar o metaverso uma possibilidade.

ÁUDIO ESPACIAL (SPATIAL AUDIO)

O áudio espacial é um efeito de som surround que dá aos usuários a impressão de que o som é 3D.

Dentro de um mundo virtual, isso permite que um usuário detecte de onde o som está vindo em seu ambiente de 360°. Esse som também é baseado na distância, o que significa que quanto mais próximo um usuário chegar do som, mais alto ele se tornará e, vice-versa, quanto mais se afastar da fonte do som, menos o ouvirá.

Isso torna possível uma série de interações diferentes com os ambientes.

Games de mundo aberto como Red Dead Redemption e GTA V são ótimos exemplos de como os sons daquele ambiente variam, imitando a vida real.

PLATAFORMAS (PLATFORMS)

Quando se ouve falar de plataformas, é preciso imaginar uma base para tudo que existe digitalmente. Quando entramos em um site, tudo que podemos fazer lá dentro e as suas características são definidas pelas plataformas, que são conjuntos de códigos e regras que possibilitam a construção de funcionalidades específicas.

PLATAFORMAS LOW CODE

Em vez de ter que codificar manualmente os programas de computador, as Plataformas Low Code permitem que os desenvolvedores criem automações por meio de uma interface.

Isso possibilita um trabalho de codificação tradicional sem a necessidade de conhecer explicitamente a linguagem de programação em si.

O Low Code é funcionalmente diferente da codificação tradicional. Ela utiliza vários métodos para tornar mais fácil e rápido o desenvolvimento de aplicativos.

O WordPress, popularmente usado para criação de sites, é um exemplo de uma plataforma Low Code, que agiliza tarefas que demorariam mais se fossem feitas diretamente por construção de códigos.

PLATAFORMAS ABERTAS (OPEN PLATFORMS)

Uma Plataforma Aberta permite que determinados componentes de seu software sejam editados, modificados e adaptados a diferentes funcionalidades. Isso permite o uso inovador de aplicativos de software.

Esse tipo de plataforma é perfeita para a construção de ambientes inteiros no metaverso.

PLATAFORMAS FECHADAS (CLOSED PLATFORMS)

É o oposto de Plataformas Abertas. Esse tipo de plataforma não permite a integração com outras aplicações. Por outro lado, as Plataformas Fechadas oferecem segurança avançada, alta funcionalidade e suporte estendido.

JARDIM MURADO (WALLED GARDEN)

Bem similar à Plataformas Fechadas, o Walled Garden é um ecossistema protegido que controla todas as operações em seu interior. No metaverso, o Jardim Murado pode ser observado nos limites de mundos virtuais diferentes ou em domínios que permitem que usuários criem conteúdos dentro de um conjunto específico de regras.

A maioria das gigantes plataformas digitais são Jardins Murados, como por exemplo o Facebook, Google e Amazon.

DATA CENTER

Um data center é uma instalação que centraliza as operações virtualmente, para fins de armazenamento, processamento e disseminação de dados e aplicativos.

Por abrigarem os ativos mais críticos de uma organização, os data centers são vitais para a continuidade das operações diárias. Consequentemente, a segurança e a confiabilidade dos data centers e suas informações estão entre as principais prioridades de qualquer organização.

Entre as principais funcionalidades dos Data Centers estão:

- Armazenamento, gerenciamento, backup e recuperação de dados
- Fornecimento ininterrupto de aplicativos, como e-mail, serviços de streaming e redes sociais
- Realização de transações de comércio eletrônico de alto volume
- Fortalecimento das comunidades de jogos online
- Big data, aprendizado de máquina e inteligência artificial

STREAMING

É um método de transmissão ou recepção de dados (especialmente material de vídeo e áudio) através de uma rede de computadores como um fluxo constante e contínuo, permitindo que a reprodução seja iniciada enquanto o restante dos dados ainda está sendo recebido.

É o que acontece quando damos play em filmes e séries nas plataformas como Netflix, Disney+ e Amazon Prime Video. Os dados de áudio e de vídeo estão sendo constantemente recebidos e compartilhados. É por isso que, às vezes, a qualidade mais alta de imagem só entra em ação depois de um tempo que você iniciou a sua reprodução.

Essa "demora" de segundos é o tempo que os dados demoram para chegar até o seu dispositivo por meio da internet.

NUVEM (CLOUD)

Imagine uma pasta digital de arquivos, que está sempre disponível ao acesso.

"A nuvem" é basicamente isso, um conjunto de servidores dedicados que são acessados pela Internet. Os servidores em nuvem estão localizados em data centers em todo o mundo.

NUVENS PÚBLICAS (PUBLIC CLOUD)

Uma nuvem pública é um serviço na nuvem oferecido a vários clientes e executado em servidores remotos gerenciados por um provedor. É comum que os serviços de jogos e entretenimento sejam oferecidos em uma nuvem pública.

NUVENS PRIVADAS (PRIVATE CLOUDS)

Uma nuvem privada é um serviço que não é compartilhado com nenhuma outra empresa ou organização. Os benefícios são uma segurança mais rígida que atende a altos padrões de conformidade regulatória e as empresas ou organizações têm mais controle dentro dessas nuvens.

BENS DIGITAIS (DIGITAL GOODS)

Esse termo se refere a tudo que é vendido ou transferido de uma forma intangível (digital). Bons exemplos são cursos online, e-books, aplicativos para smartphones, arquivos de vídeo e de música, arte digital, etc.

As economias de games também entram nessa definição, onde trocas de dinheiro virtual e bens são realizadas virtualmente, dentro da economia daquele universo

MASSIVELY MULTIPLAYER ONLINE ROLE-PLAYING GAME (MMORPG)

Um dos gêneros mais populares e lucrativos de games dos últimos anos, os MMORPG — jogos de representação de papéis online e multijogador em massa — são games interativos que milhões de pessoas jogam simultaneamente em ambientes compartilhados. É o caso de Minecraft, Fortnite ou Call of Duty Warzone.

EXPERIÊNCIA DO USUÁRIO (USER EXPERIENCE/UX)

A experiência visual é um recurso importante no metaverso. A UX diz respeito a tudo que pode contribuir para uma experiência positiva do usuário na plataforma.

Isso é de extrema importância na hora de construir sites ou aplicativos, que possuem botões cuidadosamente escolhidos e posicionados em locais estratégicos. Isso significa que, baseado em análises, tudo que você vê no metaverso está lá por uma razão.

ALPHA/BETA

Estes termos referem-se à fase de desenvolvimento em que uma plataforma se encontra e dão uma ideia da rapidez com que um projeto está evoluindo e qual é a expectativa geral para o seu lançamento.

A fase alfa é uma fase de teste não-pública, onde os bugs e problemas são identificados antes do lançamento público. O teste beta é uma espécie de lançamento, onde a versão final é usada por usuários com o objetivo de melhorar ainda mais a experiência com feedbacks.

METAVERSO

METAVERSO

METAVERSO

METAVERSO

METAVERSO

METAVERSO

METAVERSO

METAVERSO

METAVERSO

APÊNDICE 2

SE VOCÊ CHEGOU ATÉ AQUI, AGORA ESTÁ equipado até os dentes para começar a explorar o metaverso com confiança – e mais importante, para avaliar o que ele pode oferecer a você.

Tudo o que você espera do metaverso: jogar com seus amigos, interagir com ambientes ultrarrealistas, fazer novas amizades ou trabalhar está acontecendo, sendo criado e evoluindo enquanto você lê esse texto.

Seja qual for sua motivação, este é um universo que vale a pena conhecer – então continue aprendendo, porque conhecimento é poder, e estamos aqui para garantir que você o tenha.

TUDO QUE VOCÊ PRECISA SABER SOBRE NFT'S - ENTENDA O SEU FUNCIONAMENTO E SEU PAPEL NO METAVERSO

TOKENS NÃO FUNGÍVEIS – OU NFTS – ESTÃO causando uma mudança de paradigma em quase todos os setores da sociedade. Eles estão transformando tudo, das finanças à arte, e há boas razões para suspeitar que quase nenhum canto da sociedade irá passar ileso pelo seu impacto.

Se isso soa um pouco exagerado, posso te garantir que não é.

Você provavelmente já ouviu falar sobre os NFTs, a última moda digital. Esses códigos digitais exclusivos contam com a mesma tecnologia blockchain de criptomoedas, mas com uma grande diferença: os NFTs são completamente únicos e estabelecem a propriedade de ativos digitais.

Nos últimos anos, os NFTs provaram ser uma das inovações contemporâneas mais significativas. Desde que se tornaram populares em 2021, os NFTs têm sido fonte de hype, confusão e drama (sim, drama!), pois ocuparam seu lugar como o fenômeno cultural mais recente.

O assunto e tudo o que está acontecendo neste universo pode ser difícil de entender, já que é muito novo e está evoluindo constantemente.

Afinal, vivemos uma era em que o fundador do Twitter, Jack Dorsey, pode leiloar um NFT do seu primeiro tweet por US$ 2,9 milhões, deixando milhares de pessoas boquiabertas com tamanho potencial.

Como sempre é o caso com tecnologias inovadoras, os NFTs não surgiram do nada, tornando-se um nome familiar da noite para o dia. O que naturalmente leva à pergunta: quando foi criado o primeiro NFT?

Isto depende para quem você perguntar.

Alguns acreditam que as Colored Coins (Moedas Coloridas), criadas em 2012, sejam o marco onde tudo começou.

As Colored Coins são feitas de pequenas denominações de um bitcoin e podem ser tão pequenas quanto um único satoshi, a menor unidade de um bitcoin. As moedas coloridas podem ser usadas para representar uma infinidade de ativos e ter vários casos de uso (propriedade, cupons, tokens de acesso e muito mais).

Outras pessoas podem te dizer que, em 2014, Kevin McCoy, um artista digital, foi o primeiro a usar a palavra NFT para caracterizar a sua obra digital "Quantum".

Quantum é um octógono pixelizado cheio de diferentes formas que pulsam de forma bastante hipnótica. Em 28 de novembro de 2021, a peça de arte Quantum única foi vendida por mais de US$ 1,4 milhão em um leilão da Sotheby.

Vários outros NFTs foram anunciados em blockchains nos anos seguintes. Por exemplo, Spells of Genesis foi lançado em 2015 e se destaca como o primeiro jogo baseado em blockchain. Rare Pepes foi lançado em 2016 e ajudou a lançar o primeiro mercado de arte criptográfica.

No entanto, esses projetos não alcançaram popularidade generalizada. Eles permaneceram principalmente desconhecidos para todos, exceto para aqueles que eram bem imersos em tecnologias de criptomoeda e blockchain.

Para a grande maioria dos consumidores, NFTs só começaram a ganhar força em 2017. Nessa época, as primeiras coleções de NFT foram lançadas na blockchain Ethereum.

Blockchains anteriores tornaram a negociação e a transferência de propriedade impressionantemente difíceis. A rede Ethereum e sua funcionalidade de contratos inteligentes permitiram a criação, programação, armazenamento e negociação de tokens construídos diretamente no próprio blockchain. Esses novos recursos facilitaram o processo de integração e aumentaram o acesso.

Um desses primeiros projetos do Ethereum foi o CryptoPunks, uma coleção lançada pela Larva Labs que se tornou sinônimo da história inicial do NFT. Como resultado, muitas de suas peças individuais foram vendidas por milhões.

MAS AFINAL, O QUE É UM NFT?

UM TOKEN NÃO FUNGÍVEL (NFT) É UMA UNIDADE EXCLUsiva de dados em uma blockchain que pode ser vinculada a objetos digitais e físicos para fornecer uma prova imutável de propriedade.

De forma simples, se você é dono de um NFT, isso significa que você é a única pessoa do mundo que possui a única unidade daquele ativo específico.

Os dados que um NFT contém podem ser vinculados a imagens digitais, músicas, vídeos, avatares e muito mais. No entanto, eles também podem ser usados para dar a um proprietário acesso a mercadorias exclusivas, ingressos para eventos presenciais ou digitais, ou ser vinculado a ativos físicos como carros, iates, casas, dentre outros.

Dessa forma, os NFTs permitem que os indivíduos criem, comprem e vendam itens de maneira facilmente verificável usando a tecnologia blockchain. Mas tenha em mente que, salvo indicação em contrário, você não está comprando os direitos autorais, direitos de propriedade intelectual ou direitos comerciais de quaisquer ativos subjacentes ao comprar uma NFT.

Quando se trata de criar e vender NFTs, o processo é realmente bastante simples. Funciona assim:

UM INDIVÍDUO (OU EMPRESA) seleciona um ativo exclusivo para vender como NFT. O objeto é adicionado a um blockchain que suporta NFTs, por meio de um processo chamado "minting", que cria o NFT.

"MINTEAR" UM NFT significa fazer com que o ativo se torne comercializável dentro das regras.

FEITO ISSO, A NFT em questão agora representa um item no blockchain, verificando a prova de propriedade em um registro imutável. A NFT pode ser mantida como parte de uma coleção particular ou pode ser comprada, vendida e negociada em mercados e leilões.

COMO OS NFTS SÃO DIFERENTES DAS CRIPTOMOEDAS?

ASSIM COMO O DINHEIRO EM SUA CONTA BANCÁRIA, A criptomoeda é o que você usa para toda e qualquer transação no blockchain. A criptomoeda pode ser comprada ou convertida em moedas fiduciarias (dólares, euros, ienes, etc.) por meio de trocas de criptomoedas.

Por outro lado, a NFT é um ativo único e insubstituível que é comprado usando criptomoedas. Ele pode ganhar ou perder valor independentemente da moeda usada para comprá-lo, assim como uma obra de arte única.

Ou seja: os NFTs são não-fungíveis e as criptomoedas são fungíveis (passível de ser substituído por outra coisa de mesma espécie, qualidade, quantidade e valor).

Para entender melhor isso, pense nas moedas físicas tradicionais. Se pedíssemos que você nos emprestasse um real, você não abriria sua carteira e diria: "Qual nota de real você quer?" Fazer isso seria bobagem, pois cada nota de R$ 1 representa a mesma coisa e pode ser trocada por qualquer outra nota de R$ 1. Isso porque o real é fungível.

As criptomoedas também são. Elas não são únicas e podem ser facilmente negociadas e substituídas.

Os NFTs, por outro lado, não são fungíveis no sentido de que não há dois iguais. Cada NFT é uma unidade de dados única que não pode ser substituída por uma versão idêntica porque não existe uma versão idêntica.

Quando se trata de NFTs, a singularidade e a escassez aumentam seu apelo e demanda.

QUAL A VANTAGEM DE POSSUIR NFTS?

A DEMANDA POR ARTE NFT EXPLODIU RECENTEMENTE. No entanto, ainda há muito ceticismo. Afinal, os NFTs geralmente estão vinculados a arquivos digitais. Como possuir um NFT é diferente de uma captura de tela de uma foto? A "prova de propriedade" significa alguma coisa?

Para entendermos melhor, listo aqui algumas das razões pelas quais NFTs são adquiridos:

1. **EMPODERA ARTISTAS:** editores, produtores e casas de leilões muitas vezes forçam os artistas em contratos que não atendem a seus interesses. Com os NFTs, eles podem criar e vender seus trabalhos de forma independente, permitindo que eles mantenham a propriedade intelectual e o controle criativo. Os artistas também podem ganhar royalties de todas as vendas secundárias de seu trabalho.

Falando nisso, as NFTs têm o potencial de criar modelos de relações trabalhistas mais justos, contornando o monopólio dos que atualmente controlam as indústrias criativas, e muitas pessoas compram NFTs porque é uma forma de capacitar e apoiar financeiramente os criadores que amam.

2 COLETIVIDADE: apesar de custar menos de 5 centavos para ser feito, um cartão físico do Mickey Mantle de 1952 foi vendido por US$ 5,2 milhões. Isso aconteceu por causa da história, raridade e relevância cultural do cartão. NFTs são, em muitos aspectos, a versão digital disso. Para indivíduos que desejam construir uma coleção de ativos digitais, os NFTs oferecem uma oportunidade única que nunca existiu fora dos tradicionais mercados de arte e colecionáveis.

3 INVESTIMENTO: alguns proprietários de NFT simplesmente querem um ativo que aumentará de valor. Portanto, alguns colecionadores tratam os NFTs como um investimento — muito parecido com a arte tradicional. Quer provas? Mike Winkelmann, um proeminente artista digital americano conhecido profissionalmente como Beeple, vendeu seu composto Everydays: The First 5000 Days na Christie's por US$ 69 milhões em março de 2021.

Isso pode parecer estranho para alguns, pois todos podem ver e interagir com a imagem. No entanto, conforme observado, só pode haver um proprietário de NFT. Para alguns, isso é suficiente. No entanto, a volatilidade do mercado torna o investimento em NFT um risco alto, com potencial para grandes perdas.

4 COMUNIDADE: Ao adquirir um NFT, o comprador passa a fazer parte de um seleto grupo de pessoas. Para muitos colecionadores, possuir um NFT é uma questão de identidade.

Muitos criadores também transformaram seus projetos NFT em comunidades vibrantes. O Bored Ape Yacht Club é, talvez, o melhor exemplo de construção de comunidade em relação a um projeto NFT. Os colecionadores têm acesso a um Discord exclusivo para membros, mercadorias exclusivas, um voto no futuro do projeto, ingressos para encontros virtuais e muito mais

CRIAÇÃO, COMPRA E VENDA DE NFTS

INFELIZMENTE, ENTRAR NO MERCADO NFT NÃO É TÃO simples quanto parece. Afinal, você não pode exatamente comprar um NFT com dinheiro e depois carregá-lo para casa com você. Você precisará de criptomoedas para financiar suas transações NFT e uma carteira criptográfica para armazenar com segurança os dados ao comprar (ou marcar) suas próprias NFTs. E isso é apenas o começo.

PASSO 1 — OBTENHA UMA CARTEIRA DE CRIPTOMOEDAS

Resumindo, uma carteira criptográfica é um dispositivo físico ou programa de computador que permite armazenar e transferir ativos digitais. Existem dois tipos básicos de carteiras de criptografia: carteiras de software e hardware. Quando se trata de negociações de curto prazo, uma carteira de software é o caminho a percorrer. Mas, por motivos de segurança, você deve usar uma carteira de hardware para armazenar seus ativos mais valiosos.

Uma carteira de software (também conhecida como "carteira quente"): Este é um aplicativo que pode ser baixado e instalado no seu dispositivo. As carteiras de software são mais convenientes e podem ser acessadas com mais facilidade do que as carteiras de hardware, pois estão sempre conectadas à Internet. No entanto, essas carteiras são mais abertas a ataques e mais fáceis de hackear. Como resultado, elas normalmente são vistas como menos seguras.

Uma carteira de hardware (também conhecida como "carteira fria"): Este é um dispositivo físico que geralmente é bastante semelhante a um pendrive que você pode usar para armazenar arquivos do seu computador. Exceto que, neste caso, você está armazenando suas criptomoedas e NFTs. Como essas carteiras podem ser completamente isoladas da rede, os ativos armazenados em carteiras de hardware são frequentemente considerados muito mais seguros do que os armazenados nas carteiras de software.

PASSO 2 COMPRE CRIPTOMOEDAS

Alguns mercados NFT, como Nifty Gateway e MakersPlace, permitem negociar NFTs usando métodos de pagamento tradicionais. Outros, como SuperRare e OpenSea, só permitem que as pessoas usem criptomoedas.

Quando se trata de qual criptomoeda você deve obter, o Ether (ETH) é o principal usado para transações NFT. É a moeda nativa da blockchain Ethereum e pode ser comprada de algumas maneiras diferentes, como cartão de crédito ou transações bancárias.

No entanto, considerando os altos custos de transação e o impacto ambiental associado ao ETH, alguns desejam usar criptos de outras blockchains para negociar NFTs. Alternativas como Solana (SOL), Tezos (XTZ), Flow (FLOW) e Binance Smart Chain (BSC) também suportam transações NFT.

PASSO 3 ENCONTRE UM MERCADO

Uma coisa a considerar ao escolher um mercado é se você pretende ou não mintear uma NFT de cada vez e colocá-la em leilão ou mintear uma coleção ou lote de NFTs com preços individuais. Se este for o caso, considere alguns dos maiores mercados de NFT do mundo. OpenSea é o mercado NFT mais popular, com mais de 1 milhão de carteiras de usuários ativas na plataforma. LooksRare e Rarible são dois dos concorrentes mais conhecidos do OpenSea.

E esteja preparado, mintear tem um custo inicial. Na maioria das vezes, você só precisa pagar uma taxa de transação, mas às vezes os mercados cobram custos extras.

PASSO 4 — MINTEAR UM NFT

Como falamos anteriormente, novos NFTs são criados por meio de um processo chamado "minting". Este é o procedimento de associação de um conjunto específico de dados — o NFT — a um ativo ou objeto específico. Ao escolher um ativo exclusivo, lembre-se de que você deve possuir os direitos autorais e de propriedade intelectual do item em questão.

Depois de selecionar um mercado e criar uma conta, é possível iniciar. Esse processo será um pouco diferente para cada mercado, mas normalmente você precisará fazer o upload do arquivo que pretende associar ao seu NFT e financiar a transação usando criptomoedas, dependendo de qual blockchain você está usando.

Assim que o processo estiver concluído, você terá todas as informações relevantes sobre seu novo NFT, e ele será registrado em sua carteira digital. Agora é possível vendê-lo ou trocá-lo à vontade.

PASSO 5 | COMPRE OU VENDA NFTS

Lembre-se de que alguns NFTs podem não estar disponíveis no mercado aberto ou podem ser adquiridos apenas por meio de fornecedores específicos.

Depois de encontrar um NFT que gostaria de adquirir, você pode ter a oportunidade de comprá-lo imediatamente. Em outros casos, você precisará dar um lance no NFT de sua escolha e esperar até o fechamento do leilão. Se você for o maior licitante após o encerramento do leilão (ou se o vendedor aceitar seu lance), a transação será concluída e a propriedade do NFT será transferida para sua carteira.

A venda de seu NFT segue um processo semelhante ao que falei acima. Você precisará configurar o leilão no mercado de sua escolha. Aproveite o tempo para entender todas as taxas e diferentes tipos de métodos de leilão disponíveis para você antes de iniciar a venda. Assim que o leilão for concluído, o NFT será automaticamente transferido de sua posse e os lucros da transação serão passados para você.

O IMPACTO AMBIENTAL DOS NFTS

É CLARO QUE O BOOM DO NFT NÃO DEIXA DE TER SUAS desvantagens. Uma das críticas mais frequentes que surgem diz respeito à energia necessária para operar uma rede blockchain massiva. O Ethereum, por exemplo, é um blockchain que consome mais eletricidade do que muitos países. Muitos argumentam que os NFTs contribuem para a "pegada de carbono" do blockchain porque promovem o uso da tecnologia.

No entanto, na realidade, mesmo que todos parassem de usar NFTs amanhã, o blockchain continuaria usando a mesma quantidade de energia. Isso porque as transações não aumentam o consumo de energia da rede. Por quê? Porque as blockchains continuam funcionando na mesma velocidade e com o mesmo consumo de energia, independentemente de haver ou não transações a serem preenchidas.

E mesmo que não fosse esse o caso, inúmeras outras tecnologias têm necessidades de energia semelhantes. Na verdade, o YouTube e o Ethereum têm aproximadamente a mesma pegada de carbono. Isso não é uma desculpa, mas é importante entender a questão em seu contexto adequado.

Além disso, algumas blockchains já estão se movendo para resolver o problema ambiental. Por exemplo, a Solana usa uma combinação exclusiva de mecanismos para reduzir substancialmente o uso de energia. E o mecanismo Liquid Proof-of-Stake (LPoS) empregado pela Tezos usa cerca de dois milhões de vezes menos energia que o Ethereum.

USO DE NFT E DIREITOS DE PROPRIEDADE

OS NFTS TÊM UM RELACIONAMENTO DIFERENCIADO com os ativos vinculados a eles. Enquanto um NFT é projetado para representar o ativo original no blockchain, o próprio NFT é visto como uma entidade separada de qualquer conteúdo.

Digamos que você tenha um cartão de beisebol vintage ou um cartão comercial popular de um jogo de cartas colecionáveis, como Magic: The Gathering. Você possui uma representação do trabalho original — mas não possui o trabalho original em si. Os direitos autorais da arte, design e marca do cartão que você possui são de propriedade integral do fabricante do cartão.

Da mesma forma, enquanto as NFTs representam um item no blockchain, a propriedade de uma NFT não transfere a propriedade intelectual ou os direitos de uso desse trabalho original para você.

Por exemplo, digamos que você compre um NFT que contém a primeira cópia digital de Harry Potter e a Pedra Filosofal. Você possui o NFT. Mas isso não significa que você tem o direito de vender mercadorias de Harry Potter, fazer filmes de Harry Potter ou dar permissão a outras pessoas para usar o IP de Harry Potter para fins comerciais.

Infelizmente, os direitos de propriedade e uso de NFT são frequentemente confundidos, o que deu origem a problemas legais.

Claro, existem algumas exceções a essas regras. O Bored Ape Yacht Club declarou publicamente que todos os proprietários do BAYC NFT têm direitos comerciais totais sobre seu Ape. Ele pode ser monetizado se o proprietário achar adequado.

CONTEÚDO PROTEGIDO POR DIREITOS AUTORAIS

AO LUCRAR COM CONTEÚDO ILEGÍTIMO, VENDEDORES E compradores se abrem para ações legais por parte dos legítimos detentores de direitos autorais.

NFTs legítimos, emitidos pelo detentor dos direitos autorais, podem ser desvalorizadas por cópias ilegítimas da mesma obra.

Os compradores podem não saber que o conteúdo que adquiriram é ilegítimo ou que se colocaram em risco legal.

Preocupações em torno da legitimidade são uma das razões pelas quais os projetos e contas NFT verificados (quando perfis e pessoas são comprovadas que, de fato, são quem dizem) são preferíveis. Para se manter seguro nos mercados NFT, sempre procure projetos verificados nas plataformas e siga apenas links de contas de usuários oficiais (e verificadas) nas mídias sociais.

No caso de vendas que ocorrem através de sites oficiais, os compradores podem agir com confiança sabendo que seu NFT vem de uma fonte legítima.

GOLPES COMUNS

NFTS AINDA SÃO UM FENÔMENO NOVO. POR CONTA DISso, o mercado fica vulnerável a golpes que podem tirar proveito de colecionadores desavisados, como:

PUXADORES DE TAPETE

Embora os grandes projetos sejam preferidos pelos colecionadores, nem sempre há segurança nos números e nenhum projeto NFT é totalmente isento de riscos. Na verdade, muitos projetos desmoronaram devido a golpes de puxão de tapete. Um puxão de tapete ocorre quando os criadores do projeto pegam o dinheiro do investimento para o projeto e desaparecem. Ao fugir com todo o dinheiro, a equipe deixa os colecionadores com um bem sem valor.

Por conta da falta de regulamentação, esses tipos de golpistas geralmente não são ilegais. Eles são antiéticos? Claro. Mas se um projeto promete doar fundos e depois escolhe ficar com o dinheiro, não há muito que alguém possa fazer. Em casos raros, um puxão de tapete pode contar como fraude, mas isso geralmente não é o caso.

Os puxões de tapete também podem acontecer quando os desenvolvedores de NFT removem a capacidade dos investidores de vender seus tokens. Esses tipos de ações são ilegais e é possível recuperar o dinheiro (depois de uma longa batalha judicial). Além disso, muitos criadores de NFT não usam seus nomes legais, então pode ser difícil (ou mesmo impossível) rastreá-los.

LAVAGEM DE NEGOCIAÇÃO

Assim como acontece com ações e outros colecionáveis, a manipulação de mercado pode acontecer durante os leilões de NFT.

Trabalhando juntos, um grupo de compradores em potencial pode aumentar o preço de uma NFT inflando artificialmente o preço da oferta até que um comprador desavisado entre na briga. Após a venda, o ativo deflaciona, deixando o comprador com um NFT sem valor.

Uma das maneiras mais comuns de fazer isso com NFTs é com a negociação de lavagem, que ocorre quando um usuário controla os dois lados de uma negociação NFT, vendendo a NFT de uma carteira e comprando-a de outra.

Quando muitas transações como essa são executadas, o volume de negócios aumenta. Como resultado, parece que o ativo subjacente é muito procurado. Isso tem o efeito de aumentar o valor (o preço) do NFT em questão. De fato, alguns operadores de lavagem NFT executaram centenas de transações por meio de carteiras autocontroladas para tentar aumentar a demanda.

GOLPES DE PHISHING

Seja por meio de anúncios falsos, brindes NFT ou alguma outra forma de coerção, os golpistas às vezes pedem suas chaves privadas de carteira e/ou outras informações confidenciais.

Dependendo de quais informações eles têm acesso, o golpista pode acessar sua carteira e remover qualquer criptomoeda ou NFTs armazenadas ou assinar transações sem o seu consentimento.

Como o blockchain é descentralizado e geralmente anônimo (ou seja, não há autoridade reguladora e os indivíduos não precisam enviar prova de identidade para usá-lo), geralmente não há como recuperar seus ativos, se isso acontecer.

Assim como os e-mails de phishing de senha, esses golpes vêm em todos os tipos e podem ser muito difíceis de detectar se você não estiver procurando por eles. Como lembrete: nunca compartilhe sua chave de acesso ou senhas privadas com ninguém — ou eles poderão acessar seus fundos — e siga apenas links de sites e contas oficiais.

Parece óbvio, mas a maioria dos golpes acontece por desatenção aos detalhes.

IMPOSTOS E NFTS

AS RESPONSABILIDADES FISCAIS VARIAM DE ACORDO com o país, mas devido ao valor de negociação para a maioria das NFTs, adquirir uma grande quantia de dinheiro dessa forma provavelmente será considerado ganho de capital. Se você é um criador de NFT — o que significa que "mintou" e vendeu suas próprias NFTs — os ganhos provavelmente serão considerados alguma forma de receita comercial.

Os detalhes variam de acordo com as legalidades de cada região, mas os NFTs não são um investimento isento de impostos. Tenha cuidado!

Vimos um aumento acentuado nas "doações de caridade intencionais" feitas por meio de NFTs, nos últimos anos. A crise geopolítica na Ucrânia é um exemplo perfeito de como os NFTs podem ser usados para impactar positivamente as comunidades carentes.

De fato, mais de 1.300 organizações sem fins lucrativos aceitaram doações baseadas em criptomoedas em 2021, que são consideradas dedutíveis nos EUA, entre outros países. O que significa que os contribuintes podem obter uma baixa dedutível de impostos para doações que fizeram em criptomoedas ou NFTs. Mas, novamente, isso vai variar de país para país.

O CENÁRIO DE INFLAÇÃO DOS PREÇOS NO UNIVERSO NFT

ANTES DE 2021, DOIS CATALISADORES, SEM DÚVIDA, ajudaram a aumentar os preços e acelerar o interesse público. A primeira foi a pandemia do COVID-19, que obrigou muitas pessoas a serem mais nativas digitalmente e se conectarem em plataformas como Twitter e Clubhouse, onde a comunidade NFT construiu uma forte presença.

O segundo foi Beeple, que citei agora pouco. O artista de longa data se tornou um pioneiro do NFT quando se tornou o primeiro criador a vender um NFT em parceria com uma grande casa de leilões.

Quando o leilão da Christie's para seu "Everydays — The First 5000 Days" chegou ao fim em 11 de março com impressionantes US$ 69 milhões, os NFTs não podiam mais ser ignorados.

A venda foi manchete em jornais de todo o mundo, e mais vendas logo se seguiram. A peça de Edward Snowden, Stay Free, foi vendida por US$ 5 milhões em abril. Em junho, o CryptoPunk #7523 foi vendido por US$ 11 milhões.

Embora a arte digital e os colecionáveis tenham impulsionado amplamente o boom de 2021, existem inúmeras aplicações adicionais da tecnologia NFT que também foram lançadas nessa época e chamaram a atenção para o espaço. Existem mundos virtuais baseados em NFT, como Decentraland e CryptoVoxels, e jogos blockchain baseados em NFT como Axie Infinity e Zed Run.

À medida que a adoção aumentou, também aumentaram os volumes de vendas e os preços. Isso levou a uma explosão de interesse de empresas e marcas que buscavam lançar seus próprios projetos de NFT e capitalizar o crescimento do mercado.

Empresas como Coca-Cola e Taco Bell criaram NFTs em torno de produtos populares de alimentos e bebidas. Outras marcas, como Hot Wheels e Adidas, começaram a vender NFTs conectadas a seus produtos físicos. Existem até relatos de coleções NFT de marcas como Gucci vendendo por muito mais do que o preço de seu principal produto!

O FUTURO DOS NFTS – ELES IRÃO "TOMAR CONTA" DO METAVERSO?

NO MOMENTO, OS NFTS AINDA ESTÃO ENGATINHANDO. Com as possíveis aplicações da tecnologia aparentemente ilimitadas, ninguém sabe qual o caminho dos NFTs.

Tem sido amplamente especulado que os NFTs poderiam desempenhar algum papel no metaverso, principalmente atuando como uma representação digital dos objetos físicos que você possui.

Isso também pode acontecer com seu avatar digital. Se NFTs são usados para representar itens em um videogame em uma blockchain unificada, itens e skins podem ser movidos entre todos os jogos usando essa blockchain.

Como as NFTs geralmente são associadas a transações que ocorrem por meio de navegadores da Web, e como o metaverso é principalmente baseado em Realidade Virtual, pode haver alguma confusão sobre qual é o espaço em comum – e se existe algum em primeiro lugar.

Felizmente, apesar da relativa novidade de ambos os conceitos, várias empresas já encontraram maneiras criativas e frutíferas de usar ambos simultaneamente.

- **MERCADO VIRTUAL:** Com aplicativos como o VRChat, os espaços para comunicação em VR já estão prosperando, e não é exagero supor que esses espaços também possam servir como um terreno fértil para NFTs. Os vendedores podem fornecer facilmente links e visualizações para ativos na Web ou ativos diretamente no cenário virtual.

  Os mercados de VR e NFT podem atrair muitas marcas em vários setores, e a Nike é um bom exemplo. Já mergulhada no metaverso com sua própria "Nikeland", a marca adquiriu um estúdio (RTFKT) conhecido por fazer NFTs de produtos. Talvez seja apenas uma questão de tempo antes de vermos os dois conceitos se encontrarem em "Nikeworld".

- **GALERIAS DE ARTE:** A Realidade Virtual é talvez a melhor plataforma possível (com exceção de um edifício real de tijolo) para ver arte. Você pode observar de perto com todos os detalhes e de todos os ângulos. Esse tipo de solução difere de um marketplace porque os preços já estão definidos (e não negociados), os ativos são todos de um mesmo tipo (composições artísticas) e o ambiente é bem mais descontraído.

  Por exemplo, muitos museus estão atualmente colocando obras de arte NFT em metaversos como Cryptovoxels, alimentados pela blockchain Ethereum. De acordo com o

The Art Newspaper, o Cryptovoxels hospeda "galerias de arte e museus, incluindo o Museu de Arte Moderna de São Francisco e o FC Francisco Carolinum Linz, na Áustria".

- **NOVAS FRONTEIRAS:** O setor imobiliário pode ser uma indústria bastante lucrativa para se trabalhar no mundo físico, e o mesmo pode se aplicar ao metaverso. Não estamos nos referindo a casas reais sendo vendidas digitalmente, mas sim terras e territórios digitais sendo vendidos parcial ou totalmente para maior desenvolvimento do usuário.

  Este caso é mais facilmente ilustrado com um exemplo. Decentraland é um território virtual onde os terrenos podem ser vendidos como NFTs, e tudo é representado em 3-D. Este "país" tem sua própria criptomoeda e está programado para entrar no metaverso.

No entanto, alguns céticos argumentam que os NFTs realmente não têm futuro. Em vez disso, eles dizem que são apenas uma moda passageira e podem acabar sendo relegados a um nicho de um mercado maior, semelhante à trajetória com jogos de cartas colecionáveis e outros colecionáveis vintage.

Mas, ao que tudo indica, NFT veio para ficar, e, particularmente, eu adoraria isso.

A TIMELINE DE PROJETOS

2014

Spells of Genesis
O início de games em blockchains.

2015

Quantum
Referida como a origem do primeiro NFT.

Decentraland
O primeiro mundo virtual que é controlado por usuários, onde todos podem comprar terrenos e tudo no mundo é trocável.

2018

2020

Axie Infinity
Game NFT e um dos primeiros a usar o modelo de "pague para vencer"

NFT POPULARES

2016

CryptoPunks
Um dos projetos de arte mais populares é criado.

2017

Rares Pepes
Cartões colecionáveis que ajudaram a criar o primeiro mercado de arte no mundo crypto.

Bored Ape Yacht Club
Creditado por iniciar o hype por avatares e popularizar os NFTs ao redor do mundo como um fenômeno.

2020

2021

NBA Top Shot
Uma das primeiras grandes marcas a vender itens NFT que transformavam momentos esportivos em colecionáveis digitais.

A história dos NFTs é muito mais longa do que a maioria das pessoas imagina. Enquanto começamos a passar de uma era experimental para o mainstream, o futuro reserva oportunidades infinitas.

Apesar do grande crescimento que experimentamos recentemente, acreditamos que esse mundo ainda está no início, e o crescimento só vai continuar. Na verdade, acreditamos que o espaço NFT crescerá à medida que mais e mais pessoas perceberem o impacto que eles podem ter na maioria dos nossos campos de atuação atuais.

———

APÊNDICE 3

O PASSO A PASSO DO METAVERSO: POR ONDE COMEÇAR?

ESTAMOS NO MEIO DA MAIOR REVOLUÇÃO que a internet já passou na sua história. O salto que a Web 3.0 e a solidificação do metaverso oferecem, em termos de possibilidades, é inédito desde a chegada dos primeiros tipos de conexões.

Quem diria que hoje estaríamos debatendo sobre construir mundos inteiros no metaverso com a ajuda da Web 3.0?

Mas, antes de falar sobre a ligação entre essas duas inovações e falar de futuro, precisamos olhar para o passado e analisar como chegamos até aqui.

A Web 1.0 refere-se ao primeiro estágio da evolução da World Wide Web, que teve o seu desenvolvimento e popularização em 1995. A Internet inicial era composta principalmente de páginas da Web unidas por hiperlinks, sem os recursos visuais, controles e formulários adicionais que vemos quando nos conectamos hoje.

Especialistas se referem a ela como a web feita "somente para leitura" — uma web que não era interativa em nenhum sentido significativo. O usuário era, em sua maior parte, passivo, e grande parte da interação ocorria offline.

A Web 1.0 começou como um local para as empresas transmitirem suas informações e apenas permitia que os usuários procurassem essas informações para lê-las. Ou seja, aqui, o usuário não podia interagir com o conteúdo da página (sem comentários, sem respostas, sem compartilhamentos, etc).

Geralmente, as páginas individuais da Web eram hospedadas em servidores executados por um provedor de serviços de Internet (ISP) ou em serviços gratuitos de hospedagem na Web.

Uma das vantagens da Web 1.0 era que, por conta do acesso unificado, apenas o criador podia realizar alterações no conteúdo. Sem a sua permissão, a informação disponibilizada era intocável — representando um nível de segurança altíssimo.

Podemos fazer um paralelo com o modelo de funcionamento da Wikipédia nos dias atuais, por exemplo: um site onde qualquer pessoa pode alterar ou criar conteúdos simultaneamente, de onde estiverem, quando quiserem. Bem diferente não é mesmo?

Os aplicativos da Web exigem um alto nível de interatividade. Hoje, é possível que criadores simplesmente atualizem o conteúdo de uma página em segundos, fornecendo a informação mais recente a qualquer momento. Como esse tipo de interatividade é fundamental para a disseminação de informação, a Web 1.0 ficou para trás, já que permitia apenas cliques.

Já a Web 2.0 é o ambiente em que podemos criar, compartilhar e modificar o conteúdo. O termo Web 2.0 foi utilizado pela primeira vez em 1999 como a Internet voltada para um sistema que engaja ativamente o usuário. O termo Web 2.0 tornou-se notável após a primeira Conferência O'Reilly de Mídia Web 2.0, em 2004.

A Web 2.0 facilita a interação do usuário ao permitir a fácil navegação pelas opções oferecidas nos sites e conteúdos digitais. As possibilidades da Web 2.0, como redes sociais, blogs, fóruns e até mesmo games imersivos, como o Second Life, podem ser usados para alcançar uma forma simples e eficaz de divulgar conteúdos.

DIFERENTES POSSIBILIDADES COM A WEB 2.0

A WEB 2.0 FACILITOU AS INTERAÇÕES SOCIAIS E A colaboração entre estudantes, professores, especialistas, profissionais de várias áreas e uma variedade de outras pessoas que compartilham interesses comuns. Com a introdução de tecnologias Web 2.0, ocorreu uma mudança de paradigma do ensino, resultando em uma aprendizagem "centrada no aluno".

A explosão dos negócios online, ou e-commerce, resultou da Web 2.0. Isso motivou o lançamento de empreendimentos de e-commerce que fazem uso de Internet Banking por parte de inúmeras empresas.

Gateways de pagamento, especialistas em SEO, marketing de produtos em nuvem ou digital e outros serviços agora estão integrados às transações da cadeia conectada.

Um aumento do nível de satisfação dos funcionários, bem como uma melhoria significativa na gestão do relacionamento com o cliente também foram resultados observados com a Web 2.0. Isso aconteceu devido à capacidade das empresas de formar laços mais fortes com seus clientes e colaboradores, resultando em maior reconhecimento e lembrança da marca.

Com a utilização de blogs e artigos, é possível compartilhar informações que conversam diretamente com o target, aprendendo com dados de interações e gerando cada vez mais conteúdos personalizados.

Percebeu o pulo de funcionalidades que uma geração da Web teve para a outra?

É claro que com um gigantesco volume de dados pessoais e corporativos disponibilizados na Internet, golpes e outras ações mal-intencionadas ganharam força. Você sabia que dá até para descobrir onde você está por meio das informações que existem nos dados de uma foto que você postou?

Pois é, isso foi explorado pelos cibercriminosos. Técnicas de hacking como Likejacking, clickjacking etc., em que os invasores colocam botões falsos do Facebook em páginas da web, phishing, sites e e-mails de spam, se tornaram comuns.

O tipo de sistema centralizado possui todos os dados e é responsável por informações das vidas dos usuários de várias maneiras. Como resultado, este cenário representa um risco significativo para a privacidade das pessoas.

É AÍ QUE ENTRA EM CENA A WEB 3.0.

A WEB 2.0 E VERSÕES ANTERIORES TINHAM SERVIDOres centralizados, já a Web 3.0 tem uma rede descentralizada que é focada no usuário. A Web 3.0 se manifesta através de novas tecnologias como Criptomoedas, Realidade Aumentada, Inteligência Artificial, Internet das Coisas e muito mais.

O movimento Web 3.0 está sendo impulsionado por uma mudança na forma como nós, como sociedade, vemos e valorizamos a internet, um conceito auxiliado pelas novas tecnologias. O objetivo da Web3.0 é criar uma internet que funcione para as pessoas e seja propriedade delas.

Pode ser considerada como uma internet aberta, construída em protocolos e redes blockchain transparentes, acessível a todos os usuários. Isso vai alterar fundamentalmente a maneira como humanos e máquinas interagem, permitindo segurança em transferências de dados, pagamentos automatizados de criptomoedas e até mesmo simplificar transferências de propriedades.

Mas, então, quais são os pilares da Web 3.0?

Apesar da falta de uma definição padronizada para Web 3.0, ela tem algumas características únicas:

- **WEB SEMÂNTICA:** A Web 3.0 é também conhecida como Web Semântica (como chamada por Tim Berners-Lee). Representa o próximo passo na evolução da internet, permitindo o processamento de informações com "pensamento" quase humano — aproveitando o poder da Inteligência Artificial (IA).

    Como resultado, em vez de processar texto, uma máquina pode processar o próprio conhecimento, ação semelhante ao raciocínio dedutivo humano, oferecendo resultados mais significativos. As máquinas podem aprender no que os usuários estão interessados, ajudar a encontrar o que as pessoas querem mais rápido e entender a relação entre as coisas.

- **ONIPRESENTE:** A Web 3.0 nos permitirá acessar a Internet a qualquer hora e de qualquer lugar. Os dispositivos conectados à Web não estarão mais limitados a computadores e smartphones em algum ponto do futuro, como eram na web 2.0.

    A tecnologia vai permitir também o desenvolvimento de uma infinidade de novos tipos de gadgets inteligentes por meio da Internet de Coisas (IoT).

- **NATUREZA DESCENTRALIZADA:** A Web 3.0 dará aos criadores e usuários mais liberdade em geral. Ao utilizar redes descentralizadas, a Web 3.0 garantirá que os usuários sempre tenham controle sobre seus dados online.

    A próxima versão da internet também é esperada ser mais confiável devido à sua natureza descentralizada, que elimina a possibilidade de um único ponto de falha ou ataque.

- **SISTEMA DE GOVERNANÇA CONFIÁVEL:** Com a Web 3.0, nós podemos superar as limitações do nosso tradicional sistema de governança, que usa contratos legais para garantir a entrega de bens e serviços. No entanto, fazer cumprir esses contratos é um processo demorado e caro, que envolve intermediários em cada etapa. Assim, enquanto um acordo legal protege você, o sistema é ineficiente e propenso a erros e atrasos.

    A Web 3.0 pode resolver esse problema implementando um sistema sem a necessidade de confiança (ou seja, os usuários podem interagir privada ou publicamente na rede, sem ser através de um intermediário) por meio de contratos inteligentes.

    Os contratos inteligentes são pedaços de código aberto que têm condições acordadas entre ambas as partes antes das transações começarem. O contrato é executado automaticamente uma vez que as condições predefinidas são atendidas. Isso torna os serviços verificáveis e facilmente executáveis. O usuário pode obter serviços de qualquer lugar no mundo, e pode pagar por eles diretamente.

- **TECNOLOGIA BLOCKCHAIN:** A Web 3.0 oferece níveis sem precedentes de segurança e privacidade dos dados do usuário. Com a Web 2.0, a disseminação dos dados em vários computadores poderia abrir caminhos para problemas de privacidade.

  A Web 3.0 resolve este problema através do blockchain, pois não existe um único ponto de falha. Como cada nó na rede tem uma cópia dos dados, um hacker precisaria de acesso simultâneo a um grande número de nós. Ultrapassar esse nível de segurança é extremamente difícil e caro.

- **IDENTIDADES DIGITAIS:** Identidades digitais seguras, que são um novo recurso da Web 3.0, também ajudam a proteger a privacidade dos dados. As identidades digitais serão totalmente criptografadas e anônimas.

- **TOKENIZAÇÃO:** Além de tudo disso, a chave para a inovação na Web 3.0 é a digitalização de ativos via tokenização, o processo de conversão de ativos e direitos em uma representação digital, ou token, que pode ser usado em uma rede blockchain. Criptomoedas e tokens fungíveis são formas de moedas digitais que podem ser facilmente trocadas entre as redes, impulsionando um novo modelo de negócios que democratiza as finanças e o comércio.

E QUAL A LIGAÇÃO COM O METAVERSO?

COMO JÁ MENCIONAMOS, O GAME SECOND LIFE IMPLE-mentou bem o conceito inicial do Metaverso. O jogo é uma plataforma que foi lançada em 2003 e permitia que os seus usuários tivessem uma segunda vida no mundo virtual.

Lá dentro, podíamos assumir qualquer identidade e desempenhar qualquer papel que quiséssemos. A Web3D permite que as pessoas assumam o papel de um avatar em um mundo virtual e explorar, conhecer outros moradores, participar de atividades individuais e/ou em grupo, e assim por diante, exatamente como na vida real.

Por muito tempo, vimos o conceito de Metaverso sendo usado em filmes. The Matrix, Minority Report, Exterminador do Futuro e Substitutos são exemplos que foram baseados em metaversos. Todos eles apresentam uma pessoa real desempenhando um papel em um mundo virtual através do uso de um gadget ou dispositivo.

Free Guy (2021), um filme recente, é um exemplo de um metaverso em que o protagonista é um personagem de IA em um videogame que se apaixona por uma jogadora.

Converse com seus filhos ou com os filhos de seus amigos — veja como eles já estão se envolvendo no metaverso através dos jogos. Minecraft, Roblox e Fortnite reúnem muitos fundamentos do Metaverso; as crianças já estão ganhando criptomoedas e negociando NFTs em jogos. Imagine como uma organização poderia capitalizar esses princípios.

Em dezembro de 2021, a Disney fez uma parceria com o Fortnite para apresentar as "skins" da Marvel e da Liga Nacional de Futebol dos EUA (NFL), que forneceram as imagens das camisas da liga. Ambos os ativos virtuais foram oferecidos gratuitamente. Corporações e celebridades também continuam explorando presenças no jogo como ferramentas promocionais, semelhantes a aparições ou apresentações em talk shows tradicionais.

Enfim, definir o Metaverso é uma grande pergunta. Todos nós podemos concordar que houve muita conversa e enrolação. Mas, no final do dia, você seria capaz de explicar ao seu avô durante o almoço de domingo o que é realmente o Metaverso?

Como estamos falando de algo que ainda está em formação, pode ser mesmo confuso.

Vamos tentar simplificar, então: um metaverso é um espaço virtual compartilhado que é hiper-realista, imersivo e interativo graças ao uso da tecnologia de Realidade Aumentada (AR), Realidade Virtual (VR) e da Internet.

Pode haver vários mundos virtuais dentro de um metaverso, onde as pessoas podem se envolver em uma ampla gama de atividades que são resultado de uma mistura entre o físico e o digital. Em vez de ficar olhando para uma tela, ou lendo esse livro como você está fazendo agora, em um metaverso você poderá viver todas as suas experiências online, como fazer compras, encontrar amigos e familiares, ir a um show e até mesmo comprar pedaços de terra.

Falando em simplificar, aqui está um detalhamento de alguns dos recursos que definem um metaverso:

SEM LIMITES

Como um espaço virtual 3D, o metaverso elimina todos os tipos de barreiras, físicas ou não. É um espaço sem fim onde não há limites para quantas pessoas podem usá-lo ao mesmo tempo, quais tipos de atividades podem ocorrer, quais indústrias podem entrar, entre outras possibilidades. Amplia a acessibilidade mais do que as plataformas de internet atuais.

PERSISTENTE

Um metaverso não pode ser desconectado, reinicializado ou redefinido. Os usuários podem ingressar no metaverso livremente a qualquer momento, de qualquer lugar do mundo e, ao fazê-lo, sempre há continuidade em sua experiência. Um metaverso evoluirá ao longo do tempo com base nas contribuições compartilhadas de seus usuários, como o conteúdo e as experiências projetadas por eles.

DESCENTRALIZADO

O metaverso não pertence a uma corporação ou a uma única plataforma, mas a todos os seus usuários, que também podem controlar seus dados privados. A tecnologia Blockchain é uma grande parte disso, porque garante que todas as transações em um mundo virtual sejam públicas, facilmente rastreadas e seguras o tempo todo.

IMERSIVO

Esteja você usando um headset de Realidade Virtual, óculos de Realidade Aumentada ou apenas seu smartphone, você poderá entrar em um novo nível de imersão e interatividade, onde todos os sentidos humanos estão mais envolvidos e os usuários se sentem mais presentes em suas experiências.

Como um espaço altamente realista, o metaverso também terá a capacidade de se adaptar aos seus usuários que podem influenciar diretamente, por exemplo, seus ambientes, objetos, cores, iluminação e muito mais.

ECONOMIAS VIRTUAIS

Os participantes do metaverso podem se envolver em economias virtuais descentralizadas, alimentadas por criptomoeda. Isso inclui mercados onde os usuários podem comprar, vender e trocar itens como ativos digitais como avatares, roupas virtuais, NFTs e ingressos para eventos.

EXPERIÊNCIAS SOCIAIS

O coração pulsante do metaverso se resume a seus usuários. Cada participante de um mundo virtual participa de co-experiências e ajuda a co-criar o futuro do metaverso, por meio de conteúdo gerado pelo usuário, de criações virtuais a histórias pessoais e interações com avatares orientados por IA.

Embora a ideia do metaverso exista há anos, a tecnologia para torná-lo realidade não existia.

Objetos 3D, por exemplo, requerem uma internet muito mais rápida, dados maiores de armazenamento, melhor computação e AR/VR/XR (Realidade Estendida) para apresentar objetos 3D em tempo real.

O metaverso, segundo alguns líderes, será a tecnologia de computação usada para construir e acessar tudo digitalmente. Espaços digitais, objetos digitais, identidades digitais e atividades digitais que imitam o mundo real farão parte deste novo mundo.

- **AVATARES:** No metaverso, os usuários são representados por avatares 3D. Pessoas reais e suas atividades, como falar, andar, trabalhar, dançar, brincar, dentre outras, serão realizadas por meio dos avatares. O tato e o olfato serão todos possíveis de experienciar com dispositivos XR ou até mesmo luvas especiais.

  Você não leu errado. A Meta lançou uma luva para interagir com o metaverso. Mas não qualquer luva. É uma luva forrada com pequenos motores que usam rajadas de ar para imitar a sensação de toque.

  A empresa aparentemente está trabalhando no projeto há sete anos, e a equipe que está construindo está pensando, pelo menos, uma década no futuro. A Meta está lutando para tornar o metaverso um local mais acessível — e menos assustador — para as pessoas comuns.

  Para acessar o metaverso, os usuários precisam de um ou mais desses dispositivos XR, que não apenas criam um mundo virtual, mas também registram dados geoespaciais e a voz do jogador.

- **COLABORAÇÃO E VINCULAÇÃO:** A função primária de um metaverso é conectar e colaborar com pessoas do mundo real, no mundo virtual. Pessoas podem não apenas se conectar, colaborar e sair no mundo virtual, mas também podem realizar negócios. Pessoas reais podem sair, festejar, ter uma reunião, participar de um evento virtual, de uma conferência ou show usando seus avatares.

APERTEM OS CINTOS, VAMOS DE META!

ENTÃO VOCÊ DECIDIU TOMAR A PÍLULA VERMELHA E ver até onde a toca do coelho do metaverso realmente vai. E agora? Bem, para começar, você precisa de hardware. A boa notícia é que você não precisa sair e comprar um equipamento de alta tecnologia que provavelmente custará muito.

Seu smartphone é suficiente para entrar no metaverso e há muitos recursos disponíveis atualmente no aplicativo móvel do Sensorium Galaxy, por exemplo.

Um smartphone é ótimo para uma prévia do metaverso, mas para ter uma experiência mais completa, você pode considerar comprar um headset VR ou, se não estiver disposto, um par de óculos inteligentes.

Há muitos aspectos a serem levados em consideração ao escolher como entrar no metaverso. Escolher o headset certo talvez seja um dos fatores mais importantes que provavelmente farão você se apaixonar. A ideia de escolher um headset VR em vez de outras mídias é que você fique totalmente imerso no metaverso e seja capaz de obter uma sensação real de presença. Dependendo do fone de ouvido que você possui, você também poderá se comunicar com outras pessoas através do avatar escolhido e envolver todos os seus sentidos.

Quando se trata de fones de ouvido, o Meta (anteriormente Facebook) está muito à frente da concorrência, pois seu Meta Quest 2 continua sendo o headset mais procurado do mercado, seguido pelo Playstation VR e Valve Index. A demanda por fones de ouvido VR cresceu nos últimos anos, mas está projetada para crescer ainda mais, sem dúvida, graças a toda essa conversa sobre o metaverso.

Mas, após uma década de hype sobre a realidade virtual, parece que tanto a tecnologia quanto as ofertas de VR de alta qualidade estão se atualizando, e não apenas nos jogos.

Os aplicativos surgiram em vários setores, incluindo moda, música, educação, esportes e muito mais, levando a um aumento acentuado na demanda.

Essa é uma tendência que provavelmente continuará à medida que mais plataformas migrarem para a realidade virtual e entrarem no metaverso pela primeira vez.

Como mencionamos anteriormente, já existem algumas experiências do tipo disponíveis no metaverso. A plataforma de videogame Roblox se envolveu em eventos como hospedar o 100º aniversário da Gucci ou abrir a primeira loja da NFL no metaverso.

Enquanto isso, o concorrente Fortnite não fica muito atrás depois de realizar mega shows virtuais de sucesso de Ariana Grande, Travis Scott, Marshmello e outros. Mas há muitos ângulos para a evolução do metaverso, e provavelmente seguirão algumas das tendências já em voga de alguns setores, como:

CORPORATIVO

Com grande parte da população mundial migrando para o trabalho remoto durante a pandemia do COVID-19, trabalhar online já é uma realidade para muitos de nós. O metaverso seria apenas uma continuação disso, já que o Facebook (desculpe, Meta) já tentou nos mostrar com Horizon Workrooms. Outros como a Microsoft estão seguindo o exemplo e só podemos esperar que mais empresas tentem enviar seus trabalhadores para o metaverso.

JOGOS

É divertido, você pode fazer novos amigos e ganhar muito dinheiro. É por isso que jogos como Axie Infinity, Sandbox, Illuvium e Decentraland estão na vanguarda da corrida do metaverso. Com uma rede social forte e uma economia descentralizada em seu núcleo, esses são os tipos de plataformas que provavelmente atrairão mais usuários para o metaverso.

ENTRETENIMENTO

Você não vai ter tempo para ficar entediado. Desde socializar com usuários da vida real e fazer amizade com avatares controlados por IA, até assistir a seus artistas favoritos em um show virtual alucinante, o metaverso eleva o entretenimento a um novo nível.

O Sensorium Galaxy é um dos metaversos com foco em experiências de outro mundo. Construído em colaboração com alguns dos principais artistas globais como David Guetta, Armin van Buuren, Steve Aoki e mais, este metaverso tem uma vasta oferta musical que agrada a todo um universo de fãs. Além de seu mundo dedicado à música, o Sensorium Galaxy também consistirá em hubs de conteúdo adicionais, incluindo um mundo para práticas de meditação.

TRABALHO

O local de trabalho já parece muito diferente do que poderíamos ter imaginado apenas alguns anos atrás: a ascensão do trabalho remoto e híbrido realmente mudou as expectativas sobre por que, onde e como as pessoas trabalham.

Mas a história da transformação do local de trabalho não termina aí. Ainda em seus estágios iniciais, o metaverso emergente oferece uma oportunidade para as empresas redefinirem o equilíbrio entre trabalho híbrido e remoto, para recapturar a espontaneidade, interatividade e diversão do trabalho e aprendizado em equipe, mantendo a flexibilidade, produtividade e conveniência de trabalhar em casa.

TELEMEDICINA

As consultas de telemedicina, principalmente por meio de RV, significam que os pacientes não estão mais limitados a serem tratados por médicos específicos devido à sua localização física.

Se você está na Europa e o melhor especialista para lidar com sua condição específica está na Índia, você pode efetivamente estar na mesma sala simplesmente colocando um headset. Análises e testes podem ser realizados em uma instalação local para você e os dados transferidos para o especialista, onde quer que estejam no mundo.

IMOBILIÁRIO

Não pode comprar uma casa? Embora os imóveis do mundo real possam estar fora de alcance, comprar um terreno virtual, por outro lado, pode torná-lo muito, muito rico. Existe muita coisa para ser comprada em mundos virtuais como, por exemplo, no Sandbox, onde você poderá encontrar não apenas terrenos, mas também casas ou até iates (equipados com helipontos, banheiras de hidromassagem e cabines de DJ) para quem gosta de opções imobiliárias mais exóticas.

Mas realmente, quando se trata do metaverso, você provavelmente encontrará o que quiser nele, não importa o seu campo de interesse. Com tantos players nessa mistura, a imaginação é o único limite para as possibilidades dos mundos virtuais.

Embora estejamos no início dessa animadora jornada, esperamos ver um desenvolvimento substancial dos pilares tecnológicos e de atividade nas principais plataformas e comunidades.

Para empresas, é preciso ter bastante cuidado e desenhar uma estratégia sólida antes de entrar no metaverso.

Devemos começar aceitando que o metaverso representa uma grande oportunidade para as nossas vidas pessoais e profissionais, mesmo que ainda não seja possível vê-la.

As experiências do metaverso se tornarão cada vez mais imersivas e influentes, mudando a forma como clientes veem o mundo real. Nossos filhos estarão envolvidos nessas experiências, então pense no mundo que estamos criando e seja responsável com seus objetivos.

Como as empresas podem participar desse espaço para oferecer uma melhor experiência ao cliente ou oferecer novos bens e serviços de valor agregado? O metaverso não é diferente de qualquer outro canal digital – ele precisa de uma estratégia clara e um modelo de ROI que justifique o investimento.

É preciso idealizar como o metaverso pode melhorar as experiências e interações com os consumidores.

Um metaverso completo pode levar anos, se não pelo menos uma década inteira.

Ainda há muitos obstáculos técnicos a serem superados, começando pelo fato de que o mundo não possui uma infraestrutura online que possa sustentar milhões (ou mesmo bilhões) de pessoas usando o metaverso ao mesmo tempo.

Além disso, uma conexão de internet ininterrupta e confiável é um alicerce fundamental do metaverso, porque um cenário de mundo virtual com falhas de ‹carregamento› está muito longe do que um metaverso deveria parecer.

No entanto, tecnologias como 5G e computação de borda estão sendo implementadas — com objetivos promissores.

O 5G é a quinta geração de comunicações sem fio, que começou com o 1G com voz analógica, 2G permitindo voz digital e mensagens de texto, 3G trazendo internet sem fio básica e vídeos de baixa definição.

A atual rede 4G onipresente pode suportar acesso móvel à web, jogos, vídeo de alta definição e videoconferência. Porém, o 5G permite taxas de dados muito mais altas, latência reduzida, maior capacidade do sistema e conectividade de vários dispositivos — exatamente o que o metaverso precisa.

O 5G irá auxiliar a evolução do metaverso de algumas maneiras, como:

CONECTE-SE AO METAVERSO DE QUALQUER LUGAR

Embora você possa ter uma experiência interessante de Realidade Aumentada ou Realidade Virtual sozinho, o metaverso é mais do que isso. É uma realidade digital persistente composta por grandes quantidades de informações e atividades que permanecem onde você quiser, mesmo quando você não está lá.

No momento, você precisa de uma conexão com fio ou Wi-Fi rápido para se conectar ao metaverso. O 4G simplesmente não tem o tipo de largura de banda necessária para suportar a conexão direta com uma rica experiência do metaverso.

Portanto, precisamos baixar a maior parte de uma experiência localmente (na rede disponível em uma área específica) antes de entrar nela. Para se conectar diretamente ao metaverso, você precisará esperar os 100s de Mbps que apenas o 5G pode fornecer.

HARDWARES MENORES

Um dos objetivos do metaverso não é apenas a experiência que você obtém ao se conectar a ele, mas a realidade do hardware que você precisa para se conectar a ele.

Atualmente, os fones de ouvido AR e VR são grandes e espaçosos, geralmente conectados por meio de um cabo. O objetivo é um fone de ouvido com o formato de um par de óculos sem fio de aparência normal que você pode usar o dia todo.

No entanto, mesmo o melhor headset VR autônomo para consumidores, o Oculus Quest 2, tem mais de um quilo de hardware conectado ao seu rosto.

E se pudéssemos remover completamente parte do hardware?

Com uma conexão 5G, você pode se conectar a uma experiência em execução na borda e transmiti-la ao seu headset para experimentá-la imediatamente. Isso elimina a necessidade de grande parte dos componentes.

RENDERIZAÇÃO REMOTA

Um dos maiores ganhos com o 5G para usos no metaverso é a renderização remota.

Ao fazer todo o "trabalho pesado" da renderização na borda, a experiência pode ser transmitida de maneira semelhante ao streaming de um filme. Atualmente, um usuário normalmente precisa de um computador de jogos de última geração para executar jogos de RV e as redes 4G são um gargalo para implementar o acesso rápido a experiências de RV/RA.

Outra vantagem do 5G sobre o 4G é a latência reduzida. A latência é a quantidade de tempo que leva para que os dados sejam transferidos entre sua origem e seu destino, geralmente medido em milissegundos (ms).

Essa latência está diretamente conectada com quantos quadros por segundo (FPS) podem ser transmitidos para um headset. Em taxas de quadros lentas (entre 15 e 30 FPS), apenas virar a cabeça pode deixá-lo tonto. 60 FPS é considerado mais ideal para videogames e um mínimo para VR, com 90 FPS sendo o padrão atual mais confortável.

A latência média do 4G é de cerca de 50ms, resultando em uma taxa de quadros de cerca de 20FPS, muito lenta para uma experiência confortável no metaverso. Com a latência do 5G inferior a 10ms, além de taxas de quadros confortáveis de 90FPS, a renderização remota pode ser uma facilitadora.

AMPLIANDO NOSSA REALIDADE

Enquanto a Realidade Virtual tem uma grande capacidade de tirá-lo do mundo real e a Realidade Aumentada pode mostrar o virtual sobre o mundo real, o Santo Graal do metaverso é combinar os dois com a Realidade Estendida.

Para permitir uma Realidade Estendida realista, você precisa mapear digitalmente o mundo real. Este mapa é usado para fornecer contexto à RX, permitindo que objetos virtuais sejam solidificados em um local no mundo real e experimentados por muitos, e não apenas exibidos temporariamente para um único usuário.

Para experiências simples, talvez seja necessário fazer isso apenas localmente. Mas para habilitar isso em uma escala global ou da cidade, você precisa de um mapa compartilhado muito maior. Será possível, além de ver uma escultura virtual em um parque, ver, em tempo real, informações sobre o artista que a fez.

Tudo isso nos leva a acreditar que o metaverso veio para ficar.

Então, o que esperar dele? É certo dizer que o metaverso transformará completamente nossas vidas? Bem, não tão cedo, mas eventualmente sim. Este mundo virtual vai mudar a nós, nossas vidas e a maneira como socializamos, conectamos, compartilhamos e nos movemos.

Espera-se que o metaverso aproxime o mundo sem quaisquer limites ou limitação de tempo. Uma vez que o metaverso se torne uma realidade completa, o mundo não terá que lidar fisicamente com tarefas que poderiam ser tratadas digitalmente.

Animador, não é mesmo?

CONHEÇA TAMBÉM

CONHEÇA
CONHEÇA
CONHEÇA
CONHEÇA
CONHEÇA
CONHEÇA

METAVERSO
METAVERSO
METAVERSO
METAVERSO
METAVERSO
METAVERSO
METAVERSO
METAVERSO
METAVERSO

ESTAMOS NO ALVORECER DA
IDADE MÍDIA

A cada dia, nossa interação social com os aspectos do mundo ao nosso redor se transforma irrestritamente. Não há limites para as mudanças em curso: estamos nos reinventando. Essas transformações não resultam do acaso. Vivemos um período de transição no qual consolidamos uma Nova Era. Você está pronto para a Idade Mídia?

O MUNDO REALMENTE NÃO É MAIS O MESMO, E ISSO É MUITO BOM!

Estar a par de todos os acontecimentos relevantes que nos cercam é uma necessidade real. Mas, além disso, esse conhecimento adquirido não pode ficar apenas no plano superficial; precisamos saber mais, de maneira mais profunda e focada. A cada dia mais se faz necessário mergulhar em reflexões sobre questões atuais para encontrar caminhos. O sucesso pessoal, profissional e nos negócios depende, muitas vezes, de um bom guia.

TRILEMA DIGITAL

EXTELIGÊNCIA, TRIBALISMO E COMPARTILHAMENTO

A tecnologia existe para simplificar nossa vida, agilizar nosso cotidiano, mas se queremos extrair todo seu potencial, precisamos fazer uma análise integral de seu uso.

VÍTIMAS DO CRITÉRIO

SE BASEOU EM CRITÉRIOS TOTALMENTE INADEQUADOS PARA TOMAR DECISÕES?

É imprescindível entender a importância dos critérios que utilizamos e como podemos usá-los para não nos tornarmos, simplesmente, vítimas de nossos critérios e, em consequência, termos resultados desastrosos.